Projektmanagement – die CD

Liebe Leserin, lieber Leser,

auf dieser CD-ROM finden Sie zahlreiche, für Ihre Projektarbeit nützliche Vorlagen.

Sie können diese direkt in Ihrer täglichen Arbeit einsetzen:

- Agenda
- Aktivitätenliste
- Change Request
- Entscheidungsvorlage
- Interne Notiz
- Präsentation
- Projektauftrag
- Projektdokument
- Projektkonzept
- Projektreport
- Projektzielblatt
- Protokoll
- Statusbericht
- To-Do-Liste

INSTALLATIONSANWEISUNG

- Legen Sie die CD-ROM in das Laufwerk ein.
- Klicken Sie auf den START-Button und wählen Sie den Menüpunkt „Ausführen".
- Geben Sie den Buchstaben Ihres CD-ROM-Laufwerks und SETUP ein (z. B. D:/SETUP).
- Das Installationsprogramm wird nun gestartet.

Projektmanagement
Professionell führen – Erfolge präsentieren

von
Dr. Philipp Hölzle
und
Carolin Grünig

Haufe Mediengruppe
Freiburg · Berlin · München · Zürich

> Die Deutsche Bibliothek – CIP-Einheitsaufnahme
>
> **Hölzle, Philipp:**
>
> Projektmanagement : professionell führen – Erfolge präsentieren / Philipp Hölzle ; Carolin Grünig. – Freiburg (Breisgau) : Haufe, 2002
>
> ISBN 3-448-04945-X

ISBN 3-448-04945-X   Best.-Nr. 00726-0001

© 2002 Rudolf Haufe Verlag GmbH & Co. KG,
Niederlassung Planegg/München
Postanschrift: Postfach, 82142 Planegg
Hausanschrift: Fraunhoferstr. 5, 82152 Planegg
Telefon (089) 8 95 17-0, Telefax (089) 8 95 17-250
E-Mail: online@haufe.de
Internet: www.haufe.de

Redaktion: Dipl.-Kffr. Kathrin Menzel-Salpietro
Lektorat: Claudia Nöllke

Alle Rechte, auch die des auszugsweisen Nachdrucks, der fotomechanischen Wiedergabe (einschließlich Mikrokopie) sowie der Auswertung durch Datenbanken oder ähnliche Einrichtungen vorbehalten.

Umschlaggestaltung: Atelier Höpfner-Thoma, 81679 München
Druck: Bosch-Druck GmbH, 84030 Ergolding

Zur Herstellung der Bücher wird nur alterungsbeständiges Papier verwendet.

Inhaltsverzeichnis

Vorwort	7
Ist es wirklich ein Projekt?	**9**
Das Ziel muss klar sein, der Lösungsweg offen	10
Das Vorhaben ist neu und komplex	11
Die Zeit ist begrenzt	12
Mehrere Unternehmensbereiche sind beteiligt	14
Was ist Projektmanagement?	**15**
Wo der Begriff herkommt	15
Diese vier Kernaufgaben sind zu bewältigen	16
Die beiden Prinzipien des Projektmanagements	18
Sind Sie fit fürs Projektmanagement?	**22**
Sie brauchen Fach- und Methodenkompetenzen	23
Zeigen Sie Gespür für das Zwischenmenschliche	25
Die richtige Einstellung macht's	35
Testen Sie sich mit dem Kienbaum-Persönlichkeits-Profil	41
Fördert eine Projektleitung Ihre Karriere?	**44**
Achten Sie auf optimale Rahmenbedingungen	45
Klären Sie die Erfolgschancen des Projekts	49
Wie Sie auf der Projektlaufbahn Karriere machen	52
Alles im Griff mit den richtigen Instrumenten	**54**
Phasenmodelle geben eine erste Struktur	55

Initiierungsphase	56
Analyse- und Definitionsphase	72
Planungsphase	101
Umsetzungsphase	120
Wie Sie gleichzeitig mehrere Projekte steuern	125
Präsentieren Sie Erfolge überzeugend	128

So führen Sie Ihr Team   136

Welche Führungsstile gibt es eigentlich?	137
So holen Sie die richtigen Leute an Bord	143
Wie Sie Mitarbeiter steuern und kontrollieren	148
Motivieren – wie geht das?	153
Worauf es bei der Mitarbeiterförderung ankommt	157
In welchem Umfang tragen Sie Führungsverantwortung?	159
Keine Angst vor Konflikten!	160

So lassen Sie ungewollte Projekte einfach scheitern   166

FAQs zum Projektmanagement   170

Literaturverzeichnis   174

Stichwortverzeichnis   175

Anhang   177

Die wichtigsten Arbeitsschritte des Projektmanagements	177
Tipps für effektive Teambesprechungen	184
Ergebnisse erfolgreich präsentieren	188

Vorwort

Lassen Sie sich beglückwünschen! Sie dürfen ein Projekt leiten bzw. an einem Projekt mitarbeiten. Das sind Aufgaben, die man nicht jedem überträgt. Sie gehören offensichtlich zu den Menschen, denen man die erfolgreiche Bewältigung eines so komplexen Vorhabens zutraut.

Aber vermutlich freuen Sie sich nicht nur darüber. Gerade wenn Sie zum ersten Mal vor dieser Herausforderung stehen, fragen Sie sich: Was kommt da auf mich zu? Bringe ich die Qualifikationen mit, die diese Aufgabe erfordert? Was bedeutet es eigentlich Projekte zu leiten oder daran mitzuarbeiten? Fördert so ein Projekt meine Karriere? Und was muss ich tun, damit das Projekt die gewünschten Erfolge zeigt?

Auf alle diese Fragen werden Sie in diesem Buch Antworten finden. Wir vermitteln Ihnen Lehrreiches aus unserer täglichen Praxis.

Zum Basiswissen gehört natürlich, dass Sie wissen, was ein Projekt vom „gewöhnlichen" Tagesgeschäft unterscheidet. Wir erklären Ihnen ferner, wozu man ein Projektmanagement überhaupt benötigt und welche Werkzeuge Ihnen zur Verfügung stehen, um alle anstehenden Aufgaben in den Griff zu bekommen.

Je tiefer Sie in die Materie einsteigen, desto klarer wird Ihnen, dass Sie nicht nur vor einer fachlichen Herausforderung stehen. Projektarbeit ist Teamarbeit. Sie müssen das Thema nicht allein inhaltlich und methodisch, sondern auch von der menschlichen Seite her bewältigen. Ein guter Projektleiter wird daher auch eine gute Führungskraft sein. Sie werden in diesem Buch erfahren, wie man seine Mitarbeiter richtig motiviert und es schafft, ihre Leistungsfähigkeit über die gesamte Projektdauer hinweg zu erhalten. Wir verraten Ihnen außerdem, wie Sie mit Konflikten umgehen bzw. ihnen vorbeugen können.

Wir beschäftigen uns natürlich nicht nur mit Fragen, die die Zusammenarbeit mit den Projektmitarbeitern betreffen. Für einen Projektleiter ist es auch wichtig zu wissen, wie er sich gegenüber seinem Auftraggeber verhält. Er muss sich absichern, absprechen, informieren, Rechenschaft ablegen. Wir sagen Ihnen, worauf Sie achten müssen.

Eines sollten wir nicht verschweigen. Viele Projekte, die viel versprechend begonnen haben, enden kläglich: als Blättersammlung in irgendeinem Aktenschrank. Die Gründe dafür sind vielfältig. In manchen Unternehmen stimmen die Rahmenbedingungen von Anfang an nicht oder das Projekt wird von einer Partei stark bekämpft. Vielleicht hat man den Aufwand auch falsch eingeschätzt. Wenn Sie dieses Buch gelesen haben, wissen Sie auch, unter welchen Bedingungen man ein Projekt besser nicht übernimmt.

Wir wünschen Ihnen, dass Ihr Projekt die gesteckten Ziele erreicht. Dieser Ratgeber wird Ihnen helfen, die besten Voraussetzungen dafür zu schaffen.

Ein spannendes und erfolgreiches Projekt wünschen Ihnen

Carolin Grünig und Dr. Philipp Hölzle

Ist es wirklich ein Projekt?

Als Roland Meier das Büro der Arbeitsdirektorin verlässt, schießen verschiedenste Gedanken durch seinen Kopf. Es hat ihn „erwischt", er soll die Leitung eines neuen Projektes übernehmen. Das Thema hört sich spannend an, „Die Personalarbeit der Zukunft: Wie sieht unser Personalbereich im Jahr 2010 aus?". Viel vorstellen kann er sich darunter allerdings noch nicht. Gedankenverloren betritt er den Fahrstuhl. Als die Tür gerade schließt, springt sein Kollege Sven Bolle noch schnell in die Kabine. „Na, ich habe gerade auf der Liste der aktuellen Projekte gesehen, dass du auch ein neues Projekt leitest. Ich bin auch auserkoren, allerdings nicht mit einem so abgehobenem Thema wie du, sondern mit was Handfestem: Ich soll das neue Potenzialanalyse-Verfahren, das uns die Personalberatung Tannenbaum entwickelt hat, einführen. Zum Glück haben die Berater auch einen Einführungsplan generiert". Roland Meier sieht ihn fragend an. „Na, das hört sich zwar nach viel Arbeit an, dafür weißt du wenigstens, was zu tun ist. Mir ist völlig schleierhaft, was auf mich in den nächsten Monaten zukommt." Im Erdgeschoss angekommen vereinbaren die beiden, sich in den kommenden Wochen regelmäßig über ihre Projekte auszutauschen und sich gegenseitig für Ratschläge zur Verfügung zu stehen.

Vielleicht geht es Ihnen wie Herrn Meier. Sie wissen noch nicht so genau, was auf Sie zukommt. Die Begriffe „Projekt", „Projektarbeit" und „Projektmanagement" sind heute in aller Munde. Kaum jemand, der nicht – meist nebenbei - in das eine oder andere Projekt eingebunden ist. Doch auch wenn diese Begriffe verwendet werden, handelt es sich wirklich immer um Projekte? Was ist der Unterschied zu Arbeitsgruppen, zu einer Task force oder aber einem in die Linie delegierten speziellen Arbeitsauftrag?

Wir wollen Ihnen Hilfen für die komplexen Aufgaben der Führung und Steuerung von Projekten geben. Die Bezeichnung „Projekt" ist „in". Viele Fachabteilungen schmücken sich damit, zahlreiche Projekte parallel abzuwickeln, häufig handelt es sich aber dabei um Arbeitspakete, die noch vor einiger Zeit normale „Linienaufgabe" waren. Wann lohnt sich der Aufwand für ein systematisches Projektmanagement, was kennzeichnet Projekte? In vielen Unternehmen gibt es hierfür eigene

Abgrenzungen, teilweise über das Budget oder die eingesetzten personellen Ressourcen. Auch über die Laufzeit wird häufig definiert, ob es sich um ein Projekt handelt, für das ggf. unternehmensspezifische Regelungen angewandt werden müssen.

Unser Tipp: Prüfen Sie erst einmal, ob es sich tatsächlich um ein Projekt handelt. Dies lässt sich anhand der folgenden Kriterien ganz einfach feststellen.

Das Ziel muss klar sein, der Lösungsweg offen

Insbesondere der Definitionsgrad von Ziel und Lösungsweg dient der Abgrenzung zu „normalen" Arbeitsaufträgen. Die Abbildung zeigt diese Unterscheidung. In Abhängigkeit von Ziel- und Lösungswegklarheit werden vier Felder definiert:

Von einem **Projekt** wird dann gesprochen, wenn das Ziel klar definiert, der Lösungsweg aber noch offen ist (es handelt sich um eine neuartige, komplexe Aufgabe). Meist wird das Ziel von einem Auftraggeber vorgegeben. Das Projektteam muss einen geeigneten Weg zum Ziel noch erarbeiten.

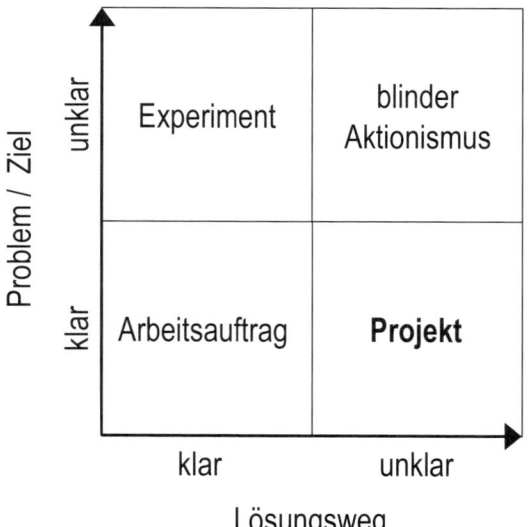

Der **Arbeitsauftrag** unterscheidet sich vom Projekt darin, dass neben dem Ziel auch der Lösungsweg bereits vorgegeben ist. Es existiert zum Beispiel bereits ein Umsetzungsplan oder diese Aufgabe wurde mit einem ähnlichen Ziel bereits bearbeitet. Es müssen Kapazitäten zur Verfügung gestellt werden, um den Arbeitsauftrag zu erledigen. Da der Weg bereits bekannt ist, wird es sich wohl nicht um eine gänzlich neuartige Aufgabe handeln.

In einem **Experiment** ist bekannt, wie vorgegangen werden soll, allerdings noch nicht, was damit erreicht wird, welches Problem gelöst oder welches konkrete Ziel verfolgt wird. Ein solches Vorgehen mag zunächst sinnlos erscheinen, in der Forschung oder Vorentwicklung jedoch kann es durchaus lohnenswert sein, etwa bekannte Verfahren auf neue Anwendungsfelder zu übertragen und zu hoffen, dass ein verwertbares Ergebnis entsteht.

Blinder Aktionismus liegt dann vor, wenn weder Ziel noch Vorgehen klar sind. Einen solchen Auftrag sollte man besser ablehnen. Ein „Machen Sie mal, wird schon!" ist selten von Erfolg gekrönt und führt in vielen Fällen eher zu Frustration.

Das Vorhaben ist neu und komplex

Projekte sind neuartige und einmalige Vorhaben. Das heißt, dass nur teilweise auf vorhandenes Know-how oder den optimalen Lösungsweg zurückgegriffen werden kann. Um das definierte Ziel dennoch zu erreichen, sollte daher ein methodisches Vorgehen gewählt werden, das zum einen Zielorientierung zulässt, zum anderen aber genügend Raum für Flexibilität bietet. Häufig ergeben sich neuartige Aufgaben durch Veränderungen in der Strategie eines Unternehmens oder durch wichtige Veränderungen der Rahmenbedingungen (z. B. des Marktes oder rechtlicher Fragen). Häufig werden im Vertrieb einzelne Kundenaufträge als Projekte bezeichnet. Nur in seltenen Fällen handelt es sich dabei aber tatsächlich um ein Projekt im engeren Sinne.

PRÜFEN SIE, OB ES WIRKLICH EINZIGARTIG IST!
Nur wenn kein ähnliches Projekt vorliegt, dessen Vorgehensweise auf die neue Aufgabe übertragbar ist, wird das Kriterium der Neuartigkeit

erfüllt. Im beschriebenen Beispiel ist die wiederholte Durchführung von Potenzialanalysen, wie Sven Bolle sie zum Auftrag hat, dementsprechend kein Projekt, auch wenn vielleicht unterschiedliche Veranstaltungsorte organisiert und verschiedene Beteiligte eingeladen werden müssen. Sven Bolle hat einen Arbeitsauftrag erhalten, den er zusätzlich zu seinen bisherigen Aufgaben erfüllen soll.

Durch Neuartigkeit, unbekannten Lösungsweg und zumeist die Einbindung verschiedenster Stellen der Organisation sind Projekte komplexe, ganzheitliche Vorhaben, die sowohl Fach- als auch Führungs- und Managementaufgaben beinhalten. Planung und Umsetzung, Abschätzung von Machbarkeit und wirtschaftlichen Folgen sind komplizierte Vorgänge, die methodische Unterstützung benötigen.

Die Zeit ist begrenzt

Projekte haben ein definiertes Ziel und enden mit dessen Erreichung oder aber der Erkenntnis, dass dieses Ziel nicht (mit den zur Verfügung stehenden Ressourcen) erreichbar ist. Da das Projekt ein einmaliges Vorhaben mit definiertem Ende darstellt, werden in der Regel hierfür keine neuen personellen Kapazitäten geschaffen. Häufig ist der Endtermin eines Projektes durch externe Bedingungen vorgegeben, z. B. durch einen öffentlichen Präsentationstermin oder den Stichtag einer Gesetzesänderung. Denken Sie nur an die Umstellung auf den Euro zum 01.01.2002.

Aber auch Projekte, die nicht durch Rahmenbedingungen eingegrenzt werden, sollten eine klare Terminierung aufweisen. Der Endtermin ist wichtig, um Verbindlichkeit in die Projektarbeit zu bekommen. Zu Beginn des Projektes wird ein Ziel festgehalten. Dazu gehört auch die Festlegung, wann dieses Ziel erreicht werden soll. Diese Verbindlichkeit ist sowohl für den Projektmanager als auch für die Projektmitarbeiter und den Auftraggeber wichtig. Der Projektmanager kann durch die Festlegung des Endtermins einen wichtigen Teil der Erwartungen des Auftraggebers konkretisieren. Er kann sich dadurch absichern, dass der Auftraggeber nicht Ergebnisse zu einem verfrühten oder unerwarteten Zeitpunkt verlangt. Die weitere Planung der einzelnen Schritte oder Teilprojekte kann auf diesen Fixpunkt hin gesteuert werden. Gegenüber den Projektmitarbeitern kann der Projektmanager eine klare Anforderung nennen, wie lange er ihre Mitarbeit benötigen wird. Dies ist auch für den Linienvorgesetzten dieser Mitarbeiter wichtig, da er einplanen können muss, für welchen Zeitraum seine Mitarbeiter durch das Projekt eingebunden sein werden.

Der Auftraggeber sichert sich schließlich mit der Vereinbarung eines Endtermins ab, dass er die Ergebnisse zu diesem bestimmten Zeitpunkt erhält und sich nicht vom Projektmanager vertrösten lassen kann.

Vielen Projekten fehlt ein konkreter Endtermin. Häufig gibt es auch keinen für alle verbindlichen Starttag. Der Projektmanager sollte es als seine Aufgabe und Absicherung sehen, mit dem Auftraggeber diesen Termin festzulegen.

Wird ein Endtermin zu eng gelegt, ist es wichtig, mit dem Auftraggeber in die Diskussion des Termins einzusteigen. Letztendlich wird der Projektmanager für den Erfolg des Projekts verantwortlich sein. Deshalb ist es wichtig, dass die Rahmenbedingungen realistisch sind.

Warum der Endtermin so wichtig ist

- Der Projektmanager kennt die zeitlichen Erwartungen des Auftraggebers an das Projekt (und damit an sich selbst).
- Die Projektmitarbeiter können die Länge der zusätzlichen Arbeitsbelastung durch das Projekt einschätzen.
- Die Linienvorgesetzten der Projektmitarbeiter können abschätzen, wie lange ihre Mitarbeiter durch das Projekt zeitlich belastet sind.
- Der Auftraggeber weiß, zu welchem konkreten Termin er die Ergebnisse des Projektes erhalten wird.

Mehrere Unternehmensbereiche sind beteiligt

Da es sich um neuartige, komplexe Vorhaben handelt, sind zumeist mehrere organisatorische Stellen im Unternehmen betroffen. Selbst wenn das definierte Ziel ein abteilungsinternes ist, sollte, da es sich ja um eine komplette Neuerung handelt, überlegt werden, ob nicht zumindest die (internen) Kunden eingebunden werden. Auch kann es sinnvoll sein, Experten aus anderen Unternehmensbereichen einzubinden.

Das Arbeiten über Organisationsgrenzen hinweg unter neuer Führung eines Projektleiters bedarf einer einheitlichen methodischen Arbeitsweise. Meist wird der Koordinationsaufwand (Kommunikation, Abstimmung etc.) sehr unterschätzt. Das Organisationseinheiten übergreifende Arbeiten stellt auch neue Anforderungen an das Personalmanagement. Als Projektleiter kommt Ihnen nicht nur die Aufgabe zu, die Erreichung der Projektziele sicherzustellen, möglicherweise haben Sie auch die Aufgabe, die Ihnen (temporär) anvertrauten Mitarbeiter zu fördern und zu beurteilen. Die Komplexität der Gesamtaufgabe steigt damit weiter.

Damit man die verschiedenen oben beschriebenen Faktoren, die ein Projekt ausmachen, in den Griff bekommt, bedient man sich des Projektmanagements. Was das ist, erfahren Sie im folgenden Kapitel.

Was ist Projektmanagement?

Roland Meier macht es sich in seinem Büro gemütlich und denkt darüber nach, wie er diese neue Aufgabe nun anpacken will. Nach und nach fallen ihm die verschiedensten Fragen ein: Was gehört eigentlich alles zu einer Vision über die Personalarbeit im Jahr 2010? Wie kann man so etwas überhaupt erarbeiten? Welche Personen können eigentlich eine Entscheidung über die Personalarbeit im Jahr 2010 treffen? Wie schaffe ich es, Kollegen und Mitarbeiter bei der an sich schon anstrengenden Tagesarbeit für dieses Projekt zu gewinnen? Wie kriege ich alle diese Fragen in den Griff? Wo fange ich an?

Je mehr er in das Thema einsteigt, desto mulmiger wird ihm. Fragen über Fragen! Die Sache wird immer komplexer. Wie lässt sich das alles nur systematisch anpacken? Offenbar erfordert die anstehende Aufgabe Methoden, die auf projektspezifische Probleme exakt zugeschnitten sind. Das „Zauberwort" heißt Projektmanagement!

Wo der Begriff herkommt

Das Führungskonzept „Projektmanagement" wurde Mitte der 50er Jahre in den USA entwickelt. Man hatte erkannt, dass die Durchführung komplexer Vorhaben mit einer größeren Zahl von Spezialisten aus unterschiedlichen Fachbereichen neue Organisationsstrukturen und Managementtechniken erfordert. Dies wurde vor allem im militärischen Bereich bei der Entwicklung von Waffensystemen und der Realisierung von Raumfahrtprogrammen deutlich und führte schließlich zur Entwicklung neuer Führungs- und Managementkonzepte. Amerikanische Regierungsstellen sorgten für eine rasche Verbreitung des Projektmanagements in der Industrie, indem sie in Regierungsaufträgen den Einsatz von Projektmanagement-Methoden zur Auflage machten.

Was ist Projektmanagement?

Schnelle Aufnahme fand das Projektmanagement in den Forschungs- und Entwicklungsabteilungen der Bauindustrie und im Großanlagenbau. Entscheidenden Anteil daran hatten u. a. die in den Jahren 1957/58 entwickelten Netzplantechniken PERT und CPM, die die Planung und Kontrolle in großen und komplexen Projekten deutlich verbesserten[1].

Als sich der Begriff in den 60er Jahren in Deutschland verbreitete, verstand man darunter zunächst auch lediglich den „Werkzeugkasten" zur Planung und Steuerung. Projektmanagement – dieser Begriff wurde gleichgesetzt mit „Netzwerktechnik". Erst seit den 80er Jahren wird Projektmanagement bei uns als eine ganzheitliche Managementaufgabe gesehen, die Planungs- und Steuerungsinstrumente, Führungsmethoden und Organisationsmodelle beinhaltet.

Diese vier Kernaufgaben sind zu bewältigen

Roland Meier muss vier Kernaufgaben lösen bzw. Kernprozesse managen. Die Herausforderung im Projektmanagement besteht darin, alle vier Kernprozesse aufeinander abgestimmt zu steuern und den Kernaufgaben dabei gerecht zu werden. Welche Prozesse das sind, zeigt die folgende Tabelle.

Kernaufgaben und -prozesse im Projektmanagement

Aufgaben	Prozesse
Fachliches Projektergebnis erarbeiten, z. B.: • Personalentwicklungskonzept erarbeiten • Neues Softwareprodukt auswählen und einführen	Problemlösungsprozess

---

[1] In Anlehnung an Platz J.; Schmelzer H.; „Projektmanagement in der industriellen Forschung und Entwicklung"; Springer Verlag; Berlin, Heidelberg 1986

• Organisationsstruktur optimieren • …	
Geeignetes Vorgehen wählen und konsequent anwenden (Abfolge, Methoden und Techniken)	Projektmanagementprozess (im engeren Sinne)
Beschlüsse über das Projekt herbeiführen (Auftraggeber, Steuergremien, sonstige beteiligte Stellen)	Entscheidungsprozess
Zusammenarbeit im Team gestalten, Aufgaben verteilen, Teammitglieder fördern und fordern	Führungsprozess

Im ersten Moment steht sicherlich die fachliche Aufgabe im Vordergrund. Das vom Auftraggeber gewünschte Ergebnis muss erarbeitet werden. Die Problemlösung ist für den Außenstehenden die wichtigste und in den meisten Fällen auch einzige sichtbare Aufgabe. Um dieses Ergebnis zu erreichen, muss zu Beginn des Projektes eine sinnvolle Vorgehensweise gefunden werden. In einem Unternehmen reicht es aber nicht, ein Papier zu erarbeiten, um ein Ergebnis in der Hand zu haben. Es bedarf darüber hinaus Entscheidungen über Teil- und Endergebnisse, damit eine Umsetzung möglich ist. In den meisten Fällen liegt diese Befugnis nicht beim Projektleiter. Hier müssen geeignete Gremien definiert werden. Schließlich übernimmt der Projektleiter für die Dauer des Projektes auch noch die Verantwortung für die Projektmitarbeiter. Hierzu gehört nicht nur die Steuerung der fachlichen Arbeit der Mitarbeiter. Je nach Freistellung der Mitarbeiter für das Projekt steigt auch die Führungsverantwortung für den Projektleiter.

Wir werden das Projektmanagement entsprechend den vier beschriebenen Kernaufgaben und -prozessen erläutern und diskutieren. Dabei stellen wir nicht nur wichtige Instrumente der Projektarbeit vor, sondern beschäftigen uns auch mit den Fallen und Schwierigkeiten.

Die beiden Prinzipien des Projektmanagements

Roland Meier schwirrt inzwischen der Kopf. Er hat nicht nur eine schwierige fachliche Aufgabe vor sich, bei der er auf keinerlei eigene Erfahrungen zurückgreifen kann. So langsam dämmert ihm, dass er weit mehr als rein fachliche Herausforderungen meistern muss. Er versucht, seine Gedanken etwas zu ordnen, und fängt an, die einzelnen Punkte aufzuschreiben. Als er gerade ganz in Gedanken versunken ist, kommt seine Kollegin Petra Bauer zur Tür herein. Petra Bauer ist langjährige Mitarbeiterin im Unternehmen. Als sie die Aufzeichnungen von Roland Meier sieht, lächelt sie wissend und setzt sich zu ihm an den Tisch. „Hast du ein Projekt von unserer Chefin aufgebrummt gekriegt? Na dann viel Spaß! Das ist jede Menge Arbeit! Glaub bloß nicht, dass du sie irgendwie zufrieden stellen kannst. Da hat sich schon mancher die Zähne ausgebissen!" Roland Meier schaut seine Kollegin lange an. Dann kommt ihm ein interessanter Gedanke: „Eigentlich muss ich doch nur das Projekt in Ruhe durchplanen und dann diese Planung einhalten. Mehr kann doch keiner erwarten, oder!?"

KERNPRINZIPIEN DES PROJEKTMANAGEMENTS

1. „Ganzheitlich managen"

Bei der Abwicklung von Projekten müssen immer drei Größen zeitgleich im Auge behalten werden: Ergebnis, Zeit und Aufwand.

2. „Plane das, was planbar ist!"

Die Planung erfolgt vom Groben ins Feine und berücksichtigt ein hohes Maß an Flexibilität.

Roland Meier hat im Grunde Recht. Er muss sich nur an die beiden Kernprinzipien des Projektmanagements halten.

Prinzip 1: Ganzheitlich managen

Drei Größen machen den Erfolg eines Projektes aus: Ergebnis, Zeit und Aufwand. In erster Linie muss ein Ergebnis erreicht werden, wie es im Vorfeld als Ziel definiert wurde. Das Ergebnis sollte einer gewissen, in den meisten Fällen auch in der Planungsphase festgelegten Qualität entsprechen. Es ist in einer vorgegebenen Zeit zu erreichen.

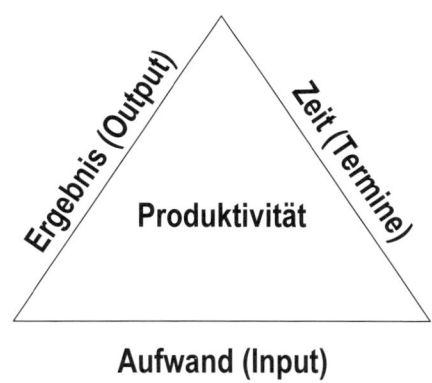

Wird die vorgegebene Zeit überschritten, kommt es meist zu verschiedenen Verschiebungen anderer Projekte oder zu Behinderungen im Alltag. Unter Aufwand sind sowohl finanzielle Ressourcen als auch eingesetzte Mitarbeiterleistungen und Sachaufwände zu verstehen. Hier ist das häufigste Problem des Projektmanagements zu sehen. In den meisten Projekten wird ein deutliches Mehr an finanziellen Ressourcen benötigt als geplant und nur selten bleibt es für die Projektmitarbeiter bei der vorgesehenen Arbeitsbelastung.

Verschlechtert sich eine der Größen Ergebnis, Zeit oder Aufwand, hat dies auch Auswirkungen auf die jeweils anderen beiden – es sei denn, die Produktivität kann verändert werden. Kann das gewünschte Ergebnis nicht in der vorgesehenen Zeit erreicht werden, kann man den Anspruch an das Ergebnis reduzieren, den zeitlichen Rahmen ausdehnen oder mehr Aufwand einbringen (z. B. Erweiterung der Mitarbeiterkapazitäten, Erhöhung des finanziellen Rahmens etc.). Die Projektplanung steht daher vor der Aufgabe, alle drei Größen simultan zu planen. In der Durchführung des Projektes muss die Steuerung diese geplanten Größen überwachen und ggf. gegensteuern. Der Projektplanung kommt damit eine besonders wichtige Aufgabe zu. Je exakter die Planung vorgenommen wird, umso geringer ist das Risiko, dass hinterher gegengesteuert werden muss. In der Beschreibung des Projektbegriffs wurde aber bereits darauf hingewiesen, dass es sich bei Projekten um neuartige Aufgaben handelt. Dies erschwert eine exakte Planung. Deshalb gilt es, Prinzip 2 zu beachten.

PRINZIP 2: „PLANE, WAS PLANBAR IST!"

Durch die Neuartigkeit von Projekten lassen sich die anstehenden Aufgaben nicht schon zu Projektstart bis ins Detail planen. Dies gilt sowohl für den zeitlichen Aufwand für die einzelnen Arbeitsschritte als auch für den benötigten Input. In der Startphase des Projektes ist es daher wichtig, zunächst die Grobstruktur zu definieren und ein Vorgehen zur weiteren Detaillierung festzulegen. Dabei muss diese Planung genügend Flexibilität für den weiteren Projektfortschritt gewährleisten.

Schematisches Beispiel für eine Planung vom Groben zum Detail

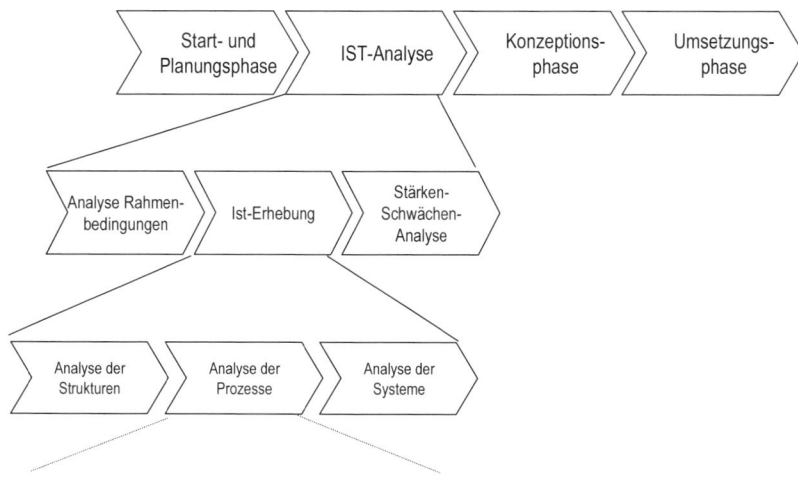

Übertragen wir die vorangegangenen Ausführungen auf die Vorhaben, mit denen Roland Meier und Sven Bolle betraut wurden, zeigt sich folgendes Bild:

Roland Meiers Aufgabe, ein Konzept für die Personalarbeit der Zukunft zu erstellen, stellt ein Projekt dar.

Die Aufgabe ist neuartig, einmalig, ziemlich komplex und betrifft nicht nur den Personalbereich, sondern alle Mitarbeiter im Unternehmen.

Das Ziel ist noch sehr vage, muss sicherlich noch präzisiert werden, im Projekttitel ist es jedoch schon umrissen, der Weg dorthin ist allerdings noch offen.

Sven Bolle hat eine Aufgabe übernommen, die wohl kein Projekt darstellt. Die Inhalte sind vordefiniert, ein Umsetzungsplan existiert bereits. Für ihn stellt dies eher eine Sonderaufgabe im Rahmen seiner „normalen" Linientätigkeit dar.

Roland Meier steht nun vor dem Problem, wie er seine komplexe Aufgabe angehen soll. Er muss sich überlegen, wie er die Lösung des fachlichen Problems beginnen will, wie er das Projekt steuern möchte, welche Entscheidungen er von wem benötigt und auf welche Art er die Steuerung der Projektmitarbeiter gestalten will. Wenn er die anstehenden Aufgaben nicht methodisch strukturiert, wird er sich verzetteln und nicht in angemessener Zeit mit vernünftigem Input ein zufrieden stellendes Ergebnis erreichen.

Aber damit tauchen schon wieder neue Fragen auf: Was ist überhaupt ein angemessener Zeitraum, was ist ein vernünftiger Input und wann ist der Output zufrieden stellend? Diese Fragen sind zu beantworten, bevor mit den Instrumenten des Projektmanagements die Erarbeitung angegangen wird. Roland Meier steht vor einer interessanten Herausforderung. Vor allem fragt er sich immer wieder, ob er wirklich die Qualifikationen mitbringt, über die ein guter Projektmanager verfügen sollte.

Sind Sie fit fürs Projektmanagement?

Als Roland Meier abends seiner Frau von der neuen Aufgabe erzählt, spricht er zum ersten Mal den für ihn schwierigsten Punkt an: „Ich habe noch nie ein Projekt geleitet. Eigentlich fehlen mir nicht nur die Instrumente, ich weiß doch auch gar nicht, ob ich der Typ für so etwas bin. Das ist doch sicherlich eher eine Aufgabe für jemanden, der über Führungserfahrung verfügt und nicht wie ich erst als Referent tätig ist." Carola Meier lächelt ihren Mann aufmunternd an und sagt: „Du bist doch bisher auch mit deinen Kollegen immer gut klar gekommen. Außerdem bist du nicht auf den Kopf gefallen. Du schaffst das bestimmt!" „Meinst du nicht, dass man noch mehr Erfahrungen und Kompetenz haben sollte, um eine solch wichtige Arbeit zu übernehmen? Ich bin erst seit sechs Monaten im Unternehmen und habe mich gerade erst an die neuen Abläufe gewöhnt." Frau Meier redet noch einige Zeit beruhigend auf ihren Ehemann ein. Dennoch schläft Roland Meier in dieser Nacht schlecht.

Roland Meier macht sich Gedanken darüber, welche Kompetenzen und Fähigkeiten ein Projektleiter mitbringen muss, um ein Projekt erfolgreich durchzuführen. Techniken und Instrumente sind sicher eine große Hilfe, können aber nicht alles kompensieren.

Welche Fähigkeiten und Kompetenzen sind wichtig?
Die Kenntnisse und Fähigkeiten einer Person lassen sich in drei Kategorien einteilen. Alle drei sind für Ihre Aufgabe als Projektmanager relevant. Zur ersten Kategorie gehören die Fachkompetenz sowie die Methodenkompetenzen. Hierzu zählen die in der Ausbildung erworbenen Grundlagen ebenso wie das Wissen, das man sich im Laufe seiner beruflichen Laufbahn angeeignet hat. In den meisten Fällen kann fehlendes Fach- und Methodenwissen durch Seminare oder Literaturstudium erweitert werden. Das Projektmanagement im engeren Sinne ist als Methodenwissen zu bezeichnen.

Die nächste Kategorie betrifft die Verhaltens- oder Sozialkompetenzen einer Person. Hierunter fallen Begriffe wie soziale Sensibilität oder Teamfähigkeit. Es ist nicht einfach, diese Seiten einer Person richtig einzuschätzen, geschweige denn Veränderungen herbeizuführen.

Schließlich bleibt noch der Bereich der Motive und Einstellungen. Leistungsmotivation und Risikobereitschaft fallen darunter. Motive und Einstellungen sind tief in die Persönlichkeit eines Menschen eingeschrieben. Häufig sind sie nicht sofort zu erkennen und deshalb nicht immer leicht zu beurteilen. Sie zu verändern ist meist nicht sinnvoll.

Sie brauchen Fach – und Methodenkompetenzen

Um ein Projekt professionell zu leiten, sollte der Projektmanager grundsätzlich Erfahrungen mit der inhaltlichen Fragestellung des Projektes haben. Um z. B. eine sinnvolle Planung des Projektes vornehmen zu können, ist es von Vorteil, den Umfang von Aufgaben abschätzen zu können. Hier hilft eine solide fachliche Kompetenz des Projektmanagers. Dabei muss der Projektmanager aber nicht Experte in allen Bereichen des Projektes sein. Es ist sinnvoll, für die einzelnen Teilaufgaben Spezialisten in das Projektteam aufzunehmen. Der Projektmanager sollte dementsprechend mindestens so viel fachliche Kompetenzen haben, dass er die Arbeit der Spezialisten beurteilen und überwachen kann, ob die gewünschte Qualität der Arbeit erreicht wird.

ZU VIEL FACHWISSEN SCHADET EHER

Ein Projektmanager, der in allen Bereichen des Projektes der größte Spezialist ist, läuft häufig Gefahr, sich zu sehr auf die inhaltlichen Fragestellungen zu konzentrieren und die Projektsteuerung aus dem Auge zu verlieren. Dieser Gefahr sollte sich der Projektmanager bewusst sein, wenn er ein Projekt leitet, das in seinen fachlichen Kompetenzbereich fällt.

Im beruflichen Alltag wird aber häufig derjenige Mitarbeiter mit einer Projektaufgabe betraut, der die meisten fachlichen Erfahrungen besitzt. Handelt es sich dabei um ein kleineres Projekt, das nicht aus mehreren Teilprojekten besteht, mag dies auch noch sinnvoll sein. In diesem Fall lohnt es sich dann nicht, zusätzlich einen großen Teil von Ressourcen für die Projektsteuerung einzuplanen. Eine Aufgabe, bei der vier bis sechs Mitarbeiter über einen Zeitraum von bis zu sechs Monaten mit 20 % ihrer Arbeitsleistung an einem Projekt arbeiten, lässt sich steuern, während man gleichzeitig inhaltlich mitarbeitet. Je umfangreicher ein Projekt, desto erfolgskritischer ist aber ein professionelles Projektmanagement. Bei der Auswahl des Projektmanagers sollte man daher auf dessen methodische und nicht auf die fachlichen Kompetenzen achten.

In manchen Unternehmen werden Projektmanager eingesetzt, die über wenig oder gar keine fachliche Kompetenz in der jeweiligen Aufgabenstellung des Projektes verfügen. Dahinter steht die Sichtweise, dass ein völlig unvoreingenommener Projektmanager offener an die Aufgabe herangeht und sich nicht von althergebrachten Denkweisen beeinflussen lässt. Häufig leidet aber dann die Akzeptanz des Projektmanagers bei den Spezialisten und der Projektmanager benötigt eine hohe persönliche Überzeugungskraft, um das Projekt erfolgreich steuern zu können. Diese Vorgehensweise ist nur dann zu empfehlen, wenn entweder das Projekt so umfangreich ist, dass ein Projektmanager sich gar nicht in allen Bereichen auskennen kann, oder von Seiten der Spezialisten und Experten ein hoher Widerstand gegen das Projekt zu erwarten ist. Ein Projektmanager, der eher außen steht, kann sich leichter über bestehende Strukturen hinwegsetzen.

LERNEN SIE DIE INSTRUMENTE KENNEN UND BEHERRSCHEN!
Methodische Kompetenz ist unverzichtbar, wenn Sie als Projektmanager Erfolg haben wollen. Diese Instrumente stellen sicher, dass nicht nur das Ziel des Projektes erreicht wird, sondern dass darüber hinaus der gegebene Zeitrahmen und der geplante Input eingehalten werden.

Jeder, der schon einmal in Projekten mitgearbeitet hat, weiß um die typischen Erkennungsmerkmale für das Ende eines Projektes: Plötzlich müssen alle Projektmitarbeiter das Doppelte ihrer geplanten Stundenzahl einbringen, das Tagesgeschäft bleibt liegen und eine Krisensitzung jagt die andere. Mancher mag sich vielleicht schon gedacht haben, dass dieses Merkmal zu den definitorischen Merkmalen eines Projektes gehört und damit bereits im ersten Kapitel erwähnt gehörte. Dem ist aber nicht so. Vielmehr liegen hier Fehler im Projektmanagement vor, die durch eine sorgfältige und professionelle Anwendung von Projektplanungs- und Controlling-Instrumenten, also eine entsprechende Methodenkompetenz des Projektmanagers, vermieden werden können.

Je sicherer also ein Projektmanager in der Nutzung von Methoden ist, desto eher gelingt es ihm, im Vorhinein kritische Situation zu erkennen oder die entsprechenden Vorkehrungen zu treffen, damit diese gar nicht erst auftreten.

Zeigen Sie Gespür für das Zwischenmenschliche

Fach- und Methodenkompetenzen helfen aber nur bei Problemen, die auf der inhaltlichen oder koordinatorischen Ebene von Projekten liegen. Häufig entstehen kritische Situationen durch zwischenmenschliche Probleme oder mögliche politische Konstellationen in einem Unternehmen. Der Projektmanager benötigt zusätzlich gute soziale Kompetenzen, um diese Hindernisse erkennen und angehen zu können. Gute soziale Kompetenzen sind für einen Projektmanager von noch größerer

Bedeutung als für eine Führungskraft. Zum einen bringt die Neuartigkeit der Projektaufgabe häufig auch eine höhere Brisanz im Unternehmen mit sich, zum anderen fehlt dem Projektmanager die Weisungsbefugnis gegenüber den Projektmitarbeitern. Um diese Herausforderungen zu meistern, reichen methodische Kompetenzen allein nicht aus.

> **Diese sozialen Kompetenzen brauchen Sie:**
> - Kontaktstärke
> - Soziale Sensibilität
> - Begeisterungsfähigkeit
> - Konfliktbereitschaft
> - Individualismus
> - Teamorientierung
> - Ausgeglichenheit

Sind Sie kontaktstark?

Die Fähigkeit, mit anderen Menschen in Kontakt zu treten und sich gerne mit anderen auseinander zu setzen, ist für den Projektmanager unverzichtbar. Auch wenn es sich nur um ein kleines Projekt mit wenigen Mitarbeitern handelt, gehört es doch auch zu den Aufgaben des Projektmanagers, das Projekt im Unternehmen zu vertreten. Kontaktstärke bedeutet, auf andere zugehen zu können und auch Fremden gegenüber sicher und selbstbewusst aufzutreten.

Idealerweise verfügt ein Projektmanager bereits über gute Netzwerke innerhalb des Unternehmens, die er nutzen kann, um andere als Mitarbeiter oder Multiplikatoren für das Projekt zu gewinnen. Einmal aufgebaute Kontakte müssen weiter gepflegt und ausgebaut werden. Als Projektmanager denken Sie darüber nach, welche Kontakte im Unternehmen besonders wichtig sein können. Wer sind die Stimmungsmacher? Wer sind die Hauptgegner des Projekts? Teilweise müssen Sie Ihre Kontakte strategisch aufbauen.

Aber übertreiben Sie es nicht mit der Kontaktpflege. Sie müssen sich nicht mit jedem Kollegen privat treffen oder nach Feierabend noch ein Bier trinken. Das gehört nicht zu einem professionellen Umgang am Arbeitsplatz. Sicherlich kommt es hier auch auf die Unternehmenskultur an.

> **Kontaktstärke bedeutet für den Projektmanager:**
> - Sicher auf fremde Personen zugehen
> - Gute Kontakte besitzen und pflegen
> - Professionellen Umgang aufbauen

Wenn man sich als Projektleiter im Kontakt mit anderen Menschen nicht immer wohl fühlt und Schwierigkeiten hat, auf andere zuzugehen, hilft ein Selbstreflexions-Seminar. Hier lernen Sie Ihre Wirkung auf andere kennen und steuern.

Verfügen Sie über soziale Sensibilität?

Wer sozial sensibel ist, hat ein Gespür dafür, was in anderen vorgeht, und kann darauf reagieren. Dieses Einfühlungsvermögen hilft zu verstehen, welche weiteren Faktoren außer den rein inhaltlichen den Erfolg des Projektes beeinflussen. Diskussionen und Widerstände entstehen selten auf der inhaltlichen Ebene der Zusammenarbeit. Fachliche Unklarheiten lassen sich meist schnell beseitigen. Häufig scheitert man in einem Gespräch, obwohl die sachlichen Argumente logisch und nachvollziehbar sind. In solchen Fällen liegen die Probleme oder Dissonanzen meist auf der zwischenmenschlichen Ebene.

Die meisten Konflikte im Alltag liegen im nicht-fachlichen Bereich. Unterschiedliche Werte, Einstellungen und auch Sympathien spielen eine wesentliche Rolle für Unstimmigkeiten. Meist bilden fachliche Auseinandersetzungen nur die „Spitze des Eisberges", die wirklichen Gründe verstecken sich „unter der Wasseroberfläche". Das so genannte Eisbergmodell verdeutlicht, dass man soziale Sensibilität benötigt, um eben unter die Wasseroberfläche schauen zu können. Eine angemessene soziale Sensibilität ermöglicht dem Projektmanager, diese Konflikte zu erkennen und zu verstehen. Lenken Sie Ihre Aufmerksamkeit auf die zwischenmenschlichen Aspekte der Kommunikation und interpretieren Sie sie richtig!

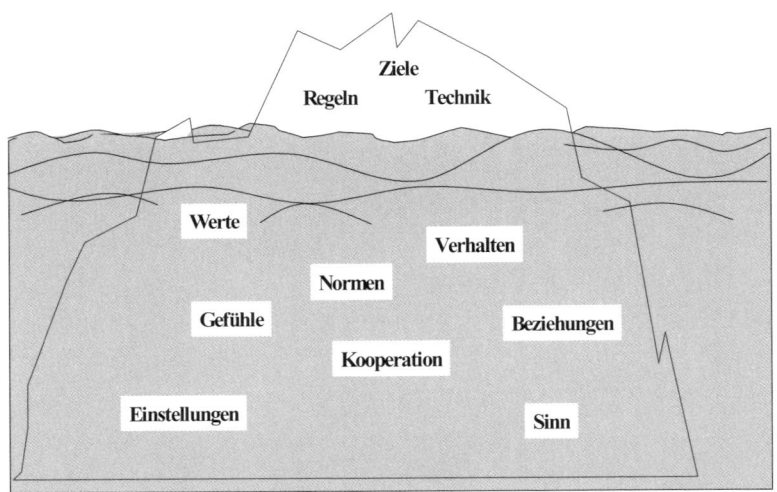

Als Projektmanager sind Sie kein Seelsorger oder Therapeut. Zu viel soziale Sensibilität würde Sie von den inhaltlichen Seiten Ihrer Arbeit nur ablenken. Mischen Sie sich auch nicht in alle persönlichen Belange der Mitarbeiter ein. Beschränken Sie sich auf diejenigen Themen, die sich auf die Zusammenarbeit auswirken.

Soziale Sensibilität bedeutet für den Projektmanager:
- Die Sichtweise anderer einnehmen können
- Subtile Signale wahrnehmen
- Die eigene Außenwirkung kennen und steuern

Fällt es Ihnen schwer, das Verhalten von Menschen zu verstehen und zu durchschauen, sollten Sie ein Kommunikationstraining absolvieren.

Sie erfahren, wie Menschen miteinander kommunizieren und wie Sie die unterschwelligen Signale erkennen und richtig interpretieren.

■ Können Sie andere begeistern?

Sie sollten ein Mensch sein, der andere mitreißen kann. Dies hilft Ihnen, die für den Projekterfolg wichtigen Personen zu gewinnen und somit Unterstützung für Ihre Arbeit zu erhalten. Der Projektmanager benötigt an den relevanten Stellen des Projektes Entscheidungen, muss im Unternehmen Multiplikatoren zur Seite haben, die ihn bei seiner Überzeugungsarbeit unterstützen, und sich nicht zuletzt immer wieder auch mit denjenigen auseinander setzen, die durch das Projekt negative Konsequenzen zu erwarten haben.

Was zeichnet jemanden aus, der andere begeistern kann? Er schneidet seine Argumentation auf die Ziele und Werte seiner Gesprächspartner zu! Überlegen Sie als Projektmanager, mit welchen Punkten der bevorstehenden Arbeit sich Ihr Gegenüber identifizieren kann. Eine Argumentation ist nur dann begeisternd, wenn sie nicht nur in sich schlüssig ist, sondern auf die Vorstellungen des anderen zugeschnitten ist. Je besser Sie Ihren Gegenüber und seine Interessen einschätzen können, desto besser wird es Ihnen gelingen, ihn für sich zu gewinnen.

Übrigens: Kollegen, Mitarbeiter und Vorgesetzte, die die Projektidee verinnerlichen und als „ihre Sache" betrachten, stehen auch in schwierigen Situationen hinter Ihnen und dem Projekt. Denken Sie aber auch daran: Jeden begeistert etwas anderes. Ihre Argumentationsstrategie für die Unternehmensleitung muss eine andere sein als für den Betriebsrat.

„Wenn du ein Schiff bauen willst, dann rufe nicht die Menschen zusammen, um Pläne zu machen, Arbeit zu verteilen, Werkzeug zu holen und Holz zu schlagen, sondern lehre sie die Sehnsucht nach dem weiten, endlosen Meer. Dann bauen sie das Schiff von alleine." (Antoine de Saint-Exupéry)

> **Wer andere begeistern will, muss sich fragen:**
> - Wer ist mein Gesprächspartner?
> - Welche Ziele verfolgt mein Gesprächspartner?
> - Wie kann ich ihn mit meinem Projekt bei seiner Zielerreichung unterstützen?
> - Welche Bedenken/Probleme verbindet der Gesprächspartner mit meinem Projekt?
> - Wie kann ich den Gesprächspartner persönlich ansprechen? Welche weiteren Interessen hat er?

Um eine erfolgreiche Begeisterungsstrategie zu erarbeiten, ist es wichtig, sich Gedanken über die Ziele des Gesprächspartners zu machen. Die Argumentationskette sollte dann am Nutzen für den Gesprächspartner orientiert sein. Im nächsten Schritt sollte man sich mit möglichen Bedenken oder Problemen des Gesprächspartners gegenüber dem Projekt auseinander setzen. Dabei ist es wichtig, für sich selbst zu klären, welche Kompromisse möglich wären und welche Grenzen nicht überschritten werden können.

Es kommt aber nicht nur darauf an, für ein Gespräch eine gute Argumentationsstrategie im Vorhinein zu entwickeln, zusätzlich muss man im Gespräch zuhören und sich bei Bedarf anpassen können. Hierin besteht sicherlich die größere Herausforderung, da es nur schwer möglich ist, sich auf alle denkbaren Fragen und Wendungen eines Gesprächs vorzubereiten. Deshalb ist es wichtig, in schwierigen Gesprächssituationen Ruhe zu bewahren und sich die Zeit zu nehmen, die Sichtweise des Gesprächspartners erst einmal nachzuvollziehen, ehe man mit den passenden Argumenten reagiert.

Im Ganzen sollte aber ein ausgewogenes Maß der Begeisterungsfähigkeit gegeben sein. Menschen, die sich sehr schnell, aber nicht lange für eine Sache begeistern können, werden es nur schwer schaffen, die langfristige Verantwortung für ein Projekt zu übernehmen.

> **Begeisterungsfähigkeit bedeutet für den Projektmanager:**
> - Andere von den eigenen Ideen überzeugen
> - Andere für das Projekt begeistern
> - Flexibel auf das Gegenüber eingehen

Vielleicht sind Sie aber nicht der Typ, der andere leicht begeistern kann. Dazu gehören schließlich viel Überzeugungskraft, Ausstrahlung, Verhandlungsgeschick. Bei der Wahl eines Seminars ist es wichtig, sich zu überlegen, welchen Schwerpunkt man legen möchte.

Gehen Sie Konflikten nicht aus dem Weg!

Ein Projekt ist eine neuartige Aufgabe. Sie stoßen häufig auf größere Widerstände im Unternehmen. Viele Kollegen, Mitarbeiter und Vorgesetzte fürchten Konsequenzen für sich persönlich. Als Projektmanager müssen Sie bereit sein, diese Konflikte anzugehen und zu lösen. Es wird nur in seltenen Fällen Beispiele geben, in denen Projekte auf keinerlei Widerstand treffen. Vom Projektmanager wird erwartet, dass er sein Projekt im Unternehmen vertritt. Das bedeutet gleichzeitig, dass er sich den Konflikten und Widerständen aussetzen muss. In solchen Situationen ist es wichtig, sich nicht jeder anderen Meinung anzupassen, sondern die Diskussion zu suchen.

Dabei darf der Projektmanager kein Hardliner sein. Vielmehr sollte er beharrlich und standfest seinen Standpunkt in einer konstruktiven Diskussion durchbringen. Er ist diplomatisch, ohne dabei sein Ziel aus den Augen zu verlieren. Menschen, die eher konfliktscheu sind, gehen Situationen, in denen sie einer Diskussion ausgesetzt sind, meist aus dem Weg. Gerade diese Situationen sind es aber häufig, in denen man wichtige Zustimmung für das Projekt erhalten kann (z. B. Präsentationen vor wichtigen Gremien). Grundsätzlich gilt: Greift Sie jemand an, so nehmen Sie es nicht persönlich. Versuchen Sie stets, auf der sachlichen Ebene zu bleiben. So vermeiden Sie, dass Sie vorgeführt werden.

> **Konfliktbereitschaft bedeutet für den Projektmanager:**
> - Schwierige Themen offen ansprechen und diskutieren
> - Ruhig auf persönliche Angriffe reagieren
> - Konflikte lösen

Falls Sie nicht wissen, wie Sie Spannungen im Team bzw. im Unternehmen begegnen sollen, erlernen Sie es in einem Konfliktmanagement-Training.

Vertreten Sie Ihren Standpunkt!

Machen Sie sich unabhängig von der Meinung anderer. Als Projektmanager können Sie nicht immer allen gerecht werden oder jedermanns Liebling sein. Das merken Sie spätestens dann, wenn Sie sich gegenüber einem Abteilungsleiter, der nur ungern einen Mitarbeiter für das Projekt freistellt, durchsetzen müssen. Für viele Mitarbeiter und Kollegen, die Veränderungen fürchten, ist das Vorgehen eines Projektmanagers per se unangenehm. Alte Strukturen werden hinterfragt, hart erarbeitete Macht-Territorien attackiert. Sicherlich kann es nicht das Ziel eines Projektmanagers sein, sich von allen existierenden Strukturen des Unternehmens unabhängig zu machen, doch ist ein gesundes Maß Individualismus überlebenswichtig.

Ein Fehler wäre es allerdings, wenn der Projektmanager keine Rückmeldungen aufnimmt und ihm seine Außenwirkung egal ist. Auch braucht der Projektmanager die Fähigkeit, sich unterschiedlichen Situationen flexibel anzupassen.

> **Individualismus bedeutet für den Projektmanager:**
> - Unabhängig von Sympathien anderer sein
> - Das eigene Auftreten gezielt einsetzen
> - Keine voreiligen Kompromisse schließen

Ein gesunder Individualismus ist nur schwer zu erlernen. Vielmehr baut er auf einem starken Selbstbewusstsein auf. Wenn Sie hier Defizite haben, achten Sie ganz besonders darauf, dass Ihr Auftraggeber hinter Ihnen steht. Das festigt Sie innerlich. Auch sollten Sie sich in schwierigen Verhandlungssituationen Ihrer Kompetenzen und Ihres Handlungsspielraumes bewusst sein. So abgesichert fällt es Ihnen deutlich leichter, einen klaren Standpunkt zu vertreten und auch unangenehme Entscheidungen zu treffen.

Zeigen Sie Teamorientierung!

Sind Sie ein teamorientierter Typ? Ein Projekt wird meist von mehreren Projektmitarbeitern bearbeitet. Nicht nur von diesen Mitarbeitern, auch vom Projektmanager wird deshalb Teamorientierung verlangt. Der Projektmanager besitzt grundsätzlich keine hierarchische Weisungsbefugnis gegenüber seinen Mitarbeitern. Dementsprechend ist er auf seine Fähigkeit, die Mitarbeiter auf andere Art und Weise zu guter Arbeit zu animieren, beschränkt. Teamorientierung spielt hier eine wesentliche Rolle. Hiermit ist die Bereitschaft gemeint, mit anderen zusammenzuarbeiten.

Der Projektmanager sollte auch davon überzeugt sein, dass Teamarbeit eine effektive Form der Arbeit ist. Er sollte gerne mit anderen Informationen und Ideen austauschen, Aufgaben gemeinsam lösen und sich gegenseitig helfen. Da der Projektmanager nicht immer die Person mit der höchsten Fachkompetenz im Team ist, sollte er darüber hinaus daran interessiert sein, Entscheidungen demokratisch zu treffen, sodass jeder Mitarbeiter seine Kompetenz einbringen kann. Häufig nimmt er in Besprechungen die Rolle des Moderators ein, steuert also hauptsächlich den Prozess und trägt weniger Inhaltliches zur Arbeit bei.

Der Projektmanager ist dabei aber mehr als ein Primus inter Pares. Er muss auf Schwierigkeiten aufmerksam machen und von seinen Mitarbeitern Leistungen einfordern.

> **Teamorientierung bedeutet für den Projektmanager:**
> - Teamarbeit als sinnvoll erachten
> - Informationen und Aufgaben gerne teilen
> - Unterschiedliche Kompetenzen und demokratische Prozesse akzeptieren

Um der Moderatoren-Rolle im Team gerecht zu werden, kann es sich gerade für umfangreichere Projekte lohnen, eine Moderations-Ausbildung zu absolvieren oder sich zumindest die Grundlagen der Moderationstechnik in einem Seminar anzueignen.

Sind Sie ausgeglichen?

Wer ausgeglichen ist, kann mit Zeitdruck, Stress und Anspannungen gut umgehen. Der Projektalltag ist nun einmal oft alles andere als ruhig. Ein wenig ausgeglichener Projektmanager wird vermutlich recht häufig gereizt reagieren oder zu vorschnellen Entscheidungen tendieren. Im ersten Fall könnten sich Projektmitarbeiter oder andere Personen persönlich angegriffen fühlen, im zweiten Fall könnte durch falsche Entscheidungen der weitere Verlauf des Projektes gefährdet werden. Versuchen Sie, gelassen und ruhig zu bleiben! Nur dann können Sie Probleme besonnen angehen, machen sich keine unnötigen Sorgen und können bei Misserfolgen sich und andere schnell wieder motivieren.

> **Ausgeglichenheit bedeutet für den Projektmanager:**
> - Unter Stress und Zeitdruck ruhig reagieren
> - Probleme und Misserfolge verarbeiten
> - Emotional stabil sein

Fehlende Ausgeglichenheit kann durch Entspannungs- und Stressreduktionstechniken verbessert werden. Hier empfehlen sich z. B. Seminare für autogenes Training oder progressive Muskelentspannung.

Die richtige Einstellung macht's

Der Erfolg des Projektes hängt entscheidend von Ihren Motiven und Einstellungen ab. Mit welcher Einstellung man seine Aufgaben angeht, beruht auf tief verankerten Wertvorstellungen. Sowohl Projektmanager als auch Auftraggeber sollten sich daher die Frage stellen, ob eine Übereinstimmung zwischen den Anforderungen und dem Werte- und Einstellungsprofil des Projektmanagers vorliegt. Passen diese nämlich nicht zusammen, kann es zu erheblichen Problemen kommen.

Zu Motiven und Einstellungen gehören:
- Leistungsmotivation
- Pragmatismus
- Initiative
- Risikobereitschaft
- Taktik
- Flexibilität
- Einflussnahme

Sind Sie motiviert?

Sie sollten Spaß daran haben, etwas zu leisten. Ein Projekt liegt außerhalb der täglichen Arbeit, fordert dementsprechend auch häufig einen persönlichen Einsatz außerhalb der täglichen Arbeit. Der Projektmanager sollte sich selbst gerne anspruchsvolle Ziele setzen und sich nicht mit mittelmäßigen Ergebnissen zufrieden geben. Idealerweise liegt der Antrieb zur Leistung in der Persönlichkeit des Projektmanagers. Aber auch der Wunsch, im klassischen Sinne Karriere zu machen, ist eine gute Grundlage für eine Leistungsmotivation. Diese hilft dem Projektmanager, schwierige Situationen zu meistern und das Gesamtziel nicht aus den Augen zu verlieren.

> **Leistungsmotivation bedeutet für den Projektmanager:**
> - Interesse an neuen Herausforderungen zeigen
> - Sich selbst motivieren können
> - Ein ausgeglichenes Verhältnis zwischen Beruf und Privatleben

Ungebremste Leistungsmotivation kann aber auch schädlich sein. Wer seine gesamte Energie auf seinen Beruf verwendet und dabei keinen angemessenen Ausgleich hat, wird über kurz oder lang überlastet sein. Es ist wichtig, in der Freizeit wirklich auszuspannen und Energie zu tanken. Pflegen Sie Hobbys, Sport oder Aktivitäten mit Freunden und der Familie.

Pragmatismus zahlt sich aus

Pragmatismus ist das Gegenteil von Perfektionismus. Eine pragmatische Person konzentriert sich darauf, ein bestimmtes Ziel zu erreichen, ohne in die Tiefen des Gegenstandes zu dringen und jedes Detail zu kontrollieren. Die Aufgabe des Projektmanagers ist eher organisatorischer und koordinatorischer Art. Er achtet darauf, dass das Projektziel erreicht wird, dringt aber nur in wenigen Fällen genauestens in die Tiefe der inhaltlichen Arbeit ein.

Um die drei wesentlichen Faktoren einer erfolgreichen Projektarbeit – Ergebnis, Zeit und Aufwand – im Blick behalten zu können, braucht der Projektmanager in erster Linie einen guten Überblick. Zur Lösung der Aufgaben sollte der Projektmanager immer im Auge behalten, was das Projekt insgesamt voranbringt. Manches Mal sind da auch 80%-Lösungen sinnvoll!

> **Pragmatismus bedeutet für den Projektmanager:**
> - Das Gesamtziel im Auge behalten
> - Auch 80%-Lösungen akzeptieren
> - Bei Bedarf ins Detail gehen

Befassen Sie sich nur bei Problemen mit den Einzelheiten einer Aufgabe. Denn dann hilft reiner Pragmatismus nicht weiter. Setzen Sie sich mit den jeweiligen Experten zusammen und analysieren Sie gemeinsam die Situation.

Zeigen Sie Initiative!

Ein Projekt hat immer etwas Neuartiges zum Inhalt. Das bedeutet, dass Sie sich von Althergebrachtem lösen und neue Wege gehen müssen. Produzieren Sie Ideen, lösen Sie Probleme unbürokratisch. Initiative hilft Ihnen, diesen Teil Ihrer Aufgabe zu meistern. Initiative-Menschen sind umsetzungsorientiert. Der Spruch: „Geht nicht, gibt's nicht!" kommt ihnen schnell einmal über die Lippen.

> **Initiative bedeutet für den Projektmanager:**
> - Neue Ideen und Impulse geben
> - Lösungs- und umsetzungsorientiert vorgehen
> - Alte Strukturen infrage stellen

Wer alte Strukturen infrage stellt, neue Wege sucht und geht, stößt andere häufig vor den Kopf. Zu viel und unüberlegte Initiative kann eher Fronten aufbauen als hilfreich sein. Es kommt darauf an, wie man seine Ideen verpackt und den Kollegen und Mitarbeitern vermittelt.

■ Seien Sie ein bisschen risikofreudig!

Mit dem Wort Risikobereitschaft verbinden die meisten Menschen nichts Gutes. Risikofreudige Typen werden schnell als verantwortungslos angesehen. Dabei muss man zwischen Risikobereitschaft und Verantwortungslosigkeit klar unterscheiden.

Ein Risiko geht ein, wer neue Wege geht. Damit birgt Projektarbeit automatisch auch immer ein gewisses Risiko in sich. Man kann zu Beginn des Projektes nicht mit 100%iger Wahrscheinlichkeit sagen, dass das Projektziel erreicht werden kann. Häufig lässt es sich nicht vermeiden, Entscheidungen auf einer unvollständigen Informationsbasis zu treffen. Das ist nur dann verantwortungsvoll zu nennen, wenn man sich der möglichen negativen Konsequenzen bewusst ist und gegebenenfalls Möglichkeiten kennt, wie diese dennoch zu verhindern sind. Man sollte also einen Plan B in der Tasche haben, falls sich die Entscheidung als falsch erweist. Risiken kann man auch dann eingehen, wenn man generell bereit ist, falsche Entscheidungen einzugestehen und auch zu revidieren, wenn dies notwendig ist.

Verantwortungslos ist Verhalten nur dann, wenn man wissentlich Entscheidungen trifft, die negative Konsequenzen haben werden, und sich nicht weiter darum kümmert. Sicherlich ist es aber ebenfalls als verantwortungslos zu bezeichnen, wenn man als Projektmanager aus Angst vor Risiken nicht bereit ist, Entscheidungen zu treffen.

> **Risikobereitschaft bedeutet für den Projektmanager:**
> - Entscheidungen auch auf unvollständiger Informationsbasis treffen
> - Verantwortung für Entscheidungen übernehmen
> - Sich der Konsequenzen des eigenen Handelns bewusst sein

In der Projektarbeit kommen Sie nicht darum herum, Risiken einzugehen. Leben Sie damit, die Verantwortung dafür zu übernehmen. Impulsives und verantwortungsloses Verhalten ist aber nicht angebracht.

Gehen Sie taktisch vor!

Muss ein Projektmanager taktieren oder andere manipulieren? Überlegen Sie, welche Bündnisse Sie eingehen sollten, um Ihre Projektziele zu erreichen. Denken Sie darüber nach, wen Sie auf Ihre Seite bringen müssen, um Ihre Stellung im Unternehmen zu festigen. Man muss dabei keine Machtspiele anzetteln, aber man sollte sie mitspielen können. Und noch einmal sei darauf verwiesen: Ein Projekt ist immer heikler als das normale Tagesgeschäft. Die Wahrscheinlichkeit, dass man mit einem Projekt in unternehmensinterne Querelen hineingerät, ist hoch.

> **Taktik bedeutet für den Projektmanager:**
> - Ein Gespür für Machtverhältnisse und -spiele im Unternehmen besitzen
> - Sein eigenes Handeln an diesen ausrichten
> - Sich nicht in Intrigen verstricken lassen

Wer aber diese Spiele mitspielt, läuft immer auch Gefahr, sich darin verstricken zu lassen. Ehe man sich versieht, spielt man nicht mehr mit, sondern wird gespielt. Taktik bedeutet in diesem Zusammenhang auch immer, sich nicht zu sehr in Intrigen und Machtspiele hineinziehen zu lassen, sondern immer auch eine gewisse Neutralität zu bewahren.

Agieren Sie flexibel!

Hoffentlich bringen Sie eine ordentliche Portion Flexibilität mit. Denn durch die Neuartigkeit der Aufgabe ist die Fähigkeit, flexibel zu reagieren, die Basis für Ihren Erfolg. Auch wenn eine umfangreiche Planung zu Beginn des Projektes vorgenommen wurde, muss der Projektmanager doch jederzeit in der Lage sein, auf geänderte Rahmenbedingungen, unplanbare Vorkommnisse oder einfach nur Planungsfehler zu reagieren und einen neuen Lösungsweg zu suchen. Dabei kommt es nicht selten vor, dass Teile des Prozesses von Anfang an unsicher oder unberechenbar sind. Diese projektinhärente Spannung ertragen zu können – am besten sogar als Herausforderung zu erleben – erleichtert dem Projektmanager seine Aufgabe. Idealerweise findet er sich auch im Chaos zurecht und entwickelt neue Strukturen, um wieder Ordnung herzustellen.

> **Flexibilität bedeutet für den Projektmanager:**
> - Sich an neue Situationen und Herausforderungen anpassen
> - Mit Unsicherheit und Unberechenbarkeit umgehen
> - In chaotischen Situationen neue, Ordnung stiftende Strukturen entwickeln

Üben Sie Einfluss aus!

Wer gibt schon freiwillig zu, dass er die Dinge gerne in seinem Sinne beeinflusst? Im Alltag wird Einflussnahme nicht sonderlich geschätzt. Im Zusammenhang mit dem Management eines Projektes ist es aber notwendig, Einfluss zu nehmen. Der Projektmanager steuert und kontrolliert die Arbeit der Projektmitarbeiter, er leitet die Sitzungen und behält dabei immer das Projektziel im Auge. Und letztendlich nimmt er mit den Projektergebnissen Einfluss auf die weitere Entwicklung seines Unternehmens. In diesem Sinne ist Einflussnahme ein wesentlicher Bestandteil des Projektmanagements. Sowohl inhaltlich als auch aus Prozesssicht ist der Projektmanager ein Gestalter.

> **Einflussnahme bedeutet für den Projektmanager:**
> - Prozesse und Inhalte gestalten
> - Mitarbeiter steuern und kontrollieren
> - Alle Ergebnisse auf das Projektziel ausrichten

Die Einflussnahme hat natürlich Grenzen. Schließlich trägt der Projektmanager gegenüber dem Unternehmen und den Projektmitarbeitern eine große Verantwortung. Wer die Rolle des Projektmanagers für seine persönliche Bereicherung nutzt, wird über kurz oder lang von anderer Stelle gebremst.

Testen Sie sich mit dem Kienbaum-Persönlichkeits-Profil

Wie bereits erwähnt, kann man einfach und objektiv beurteilen, welche Fach- und Methodenkompetenzen eine Person mitbringt. Jedoch die Einschätzung der Sozialkompetenzen sowie der Motive und Einstellungen fällt nicht nur dem Außenstehenden schwer, auch man selbst ist sich nicht immer sicher, wie gut beispielsweise die eigene Konfliktbereitschaft oder wie hoch die eigene Flexibilität wirklich sind. Hier hilft Ihnen das Kienbaum-Persönlichkeits-Profil. Den Fragebogen finden Sie im Internet unter www.kienbaum.de. Dort können Sie sich Ihr Profil erstellen lassen und ein Gutachten bestellen. Weitere Informationen hierzu sind ebenfalls auf den Kienbaum-Internetseiten zu finden.

Grundsätzlich ist das Kienbaum-Persönlichkeits-Profil als Instrument zur Selbsteinschätzung entlang der beschriebenen Sozialkompetenzen, Motive und Einstellungen gedacht. Selbstverständlich kann man aber auch andere damit testen.

WIE WIRD AUSGEWERTET?

Die Einschätzung wird anhand von 168 verschiedenen Aussagen vorgenommen. Diese Aussagen werden anschließend den einzelnen Anforderungen zugeordnet und die Ergebnisse mit den Aussagen einer repräsentativen Normgruppe von Fach- und Führungskräften verglichen. Somit ergibt sich ein Ergebnisprofil, das eine Aussage darüber zulässt, inwieweit sie sich ähnlich oder deutlich unterschiedlich von der Normgruppe einschätzt.

Punktwerte, die innerhalb des grauen Streifens liegen, entsprechen einer ähnlichen Einschätzung wie die der repräsentativen Normgruppe.

Sind Sie fit fürs Projektmanagement?

Punktwerte außerhalb des grauen Streifens weichen mehr oder weniger deutlich von den Einschätzungen der Normgruppe ab. Für den Projektmanager bedeutet dies, dass er sich mit Punktwerten, die deutlich außerhalb der Normgruppe liegen, auseinander setzen sollte. Im Bereich dieser Anforderungen ist es sinnvoll, Personalentwicklungsmaßnahmen (z. B. Seminare oder Literaturstudium) durchzuführen bzw. das eigene Verhalten noch einmal zu reflektieren.

Name	Herr Mustermann
Position	Geschäftsführer
Unternehmen	Beispiel AG

Soziale Kompetenzen

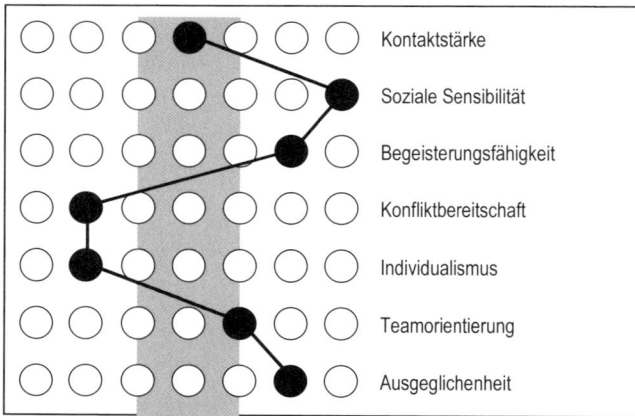

Motive und Einstellungen

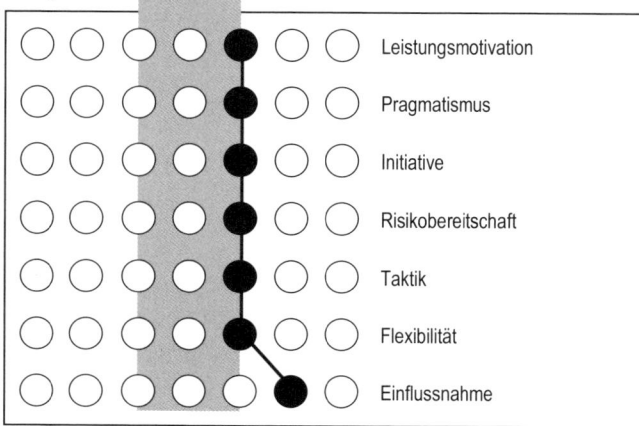

© Kienbaum Management Consultants GmbH

Nach seiner schlaflosen Nacht unterhält sich Roland Meier am nächsten Morgen mit seinem Kollegen Sven Bolle über seine Befürchtungen, ob er der Aufgabe eines Projektmanagers wirklich gewachsen sei. Sven Bolle bestätigt die Einschätzung von Carola Meier. Aber er hat auch einen guten Tipp für Roland Meier: „Wir haben hier einen Fragebogen einer Beratungsfirma, mit dem man sich selbst einschätzen kann. Füll den doch einfach mal aus, vielleicht beruhigt dich das ein wenig!" Roland Meier zögert zwar zuerst noch ein wenig, doch am nächsten Abend nimmt er die Unterlagen mit nach Hause und beantwortet die einzelnen Fragen.

Wenige Tage später hält er bereits das Ergebnis der Beratungsfirma in der Hand. Erst schaut er sich das Gutachten alleine intensiv an, dann geht er damit zu seinem Kollegen Bolle. Der Fragebogen hat ergeben, dass Roland Meier nur wenig Konfliktbereitschaft besitzt und nur wenig Wert auf Einflussnahme legt. Das klingt doch deutlich schwierig, wenn er dieses wichtige Projekt übernehmen soll. Er fragt seinen Kollegen nach einem Rat. „Das sieht doch gar nicht so schlecht aus! Hättest du das Ergebnis so erwartet?" „Na ja, wenn ich ehrlich bin, war es noch nie meine Stärke, anderen Aufgaben zu delegieren. Da mache ich die doch meistens lieber selbst, ehe ich mich mit anderen anlegen muss. Man muss es sich ja nicht gleich mit jedem verscherzen ...", gesteht Meier ein. Doch sein Kollege ist da anderer Meinung: „Du musst aufpassen, dass nicht die ganze Arbeit an dir hängen bleibt, wenn du die Projektmitarbeiter nicht richtig einbindest und die Aufgaben nicht von Vornherein klärst. Nachher bist du derjenige, der alles allein macht! Daran solltest du unbedingt arbeiten!"

Fördert eine Projektleitung Ihre Karriere?

Etwas unwohl ist Roland Meier, als er wieder in sein Büro zurückgeht. Morgen muss er seiner Chefin sagen, ob er das Projekt übernehmen will. Sicherlich macht es keinen guten Eindruck, wenn er es ablehnt. Eigentlich hatte er sich ja auch vorgestellt, endlich in puncto Karriere ein wenig voranzukommen. Da käme dieses Projekt genau richtig. Andererseits kann er die Erklärungen von Sven Bolle und die darin liegenden Schwierigkeiten nicht von der Hand weisen. Roland Meier überlegt lange hin und her. Wenn er das Projekt tatsächlich übernimmt und dann scheitert, wird er wohl kaum eine zweite Chance bekommen. In seinem Kopf zieht Roland Meier Bilanz: Bisher hat er noch nie ein Projekt geleitet. Ein paarmal hat er in seiner alten Firma an Projekten mitgewirkt, aber das waren eher praktische Dinge wie die Einführung einer elektronischen Personalakte und der Aufbau eines Help Desks in seinem Betreuungsbereich. Mit strategischen Fragen hat er sich noch nie beschäftigt. Dazu kommt jetzt die Erkenntnis, dass er eigentlich ungern andere steuert und kontrolliert. Roland Meier ist sich nicht mehr so sicher, dass es eine gute Idee ist, das Projekt zu übernehmen.

Da kommen ihm auch noch einmal die Bemerkungen von Petra Bauer in den Sinn: „Glaub bloß nicht, dass du unsere Chefin irgendwie zufrieden stellen kannst. Da hat sich schon mancher die Zähne ausgebissen!" Roland Meier ist verunsichert. Einerseits will er die Karrierechance nicht an sich vorbeiziehen lassen, andererseits ist er sich nicht sicher, wie groß das Risiko tatsächlich ist. Schließlich will er sich nicht sein eigenes Grab schaufeln.

Vor diesem Problem hat sicherlich schon so mancher gestanden, der ein Projekt leiten sollte. Es gibt aber noch eine weitere Gefahr. Das Tagesgeschäft könnte unter dem Projekt leiden, das ja quasi nebenbei laufen soll. Lohnt sich die Leitung eines Projektes überhaupt angesichts so vieler Risiken?

JETZT KÖNNEN SIE ZEIGEN, WAS IN IHNEN STECKT
Die Übernahme der Projektleitung bietet hervorragende Chancen, sich für weiterführende Aufgaben zu qualifizieren. Die Annahme eines Projektauftrags kann also ein wichtiger Schritt auf dem Weg „nach oben" sein. Projekte sind – wie bereits eingangs beschrieben – dadurch gekennzeichnet, dass sie eine neue, nicht zum Tagesgeschäft gehörige Aufgabenstellung beinhalten. Sie bieten zum einen eine interessante Abwechslung für den Projektmanager und natürlich auch für die Projektmitarbeiter, zum anderen aber auch die Möglichkeit, sich über eine gute Leistung „ins Gespräch zu bringen". Diese Gelegenheit ergibt sich im normalen Tagesgeschäft eher selten. Ergreifen Sie Ihre Chance!

Achten Sie auf optimale Rahmenbedingungen

Damit die Übernahme einer Projektleitung die Karriere fördert und nicht bremst, gibt es einige Faktoren zu beachten und wichtige Fragen zu stellen. Es geht darum, optimale Rahmenbedingungen zu schaffen, um als Projektmanager erfolgreich sein zu können. Diese Fragen werden häufig nicht automatisch vom Auftraggeber beantwortet, sondern müssen von Ihnen offen angesprochen und diskutiert werden. Auf die meisten Auftraggeber wirkt dieses Vorgehen professionell, es wird nicht als störend empfunden. Sollten Sie doch auf Ablehnung stoßen, so geben Sie sich damit nicht zufrieden. Fordern Sie zufrieden stellende Antworten. Nur dann können Sie eine Entscheidung für oder gegen die Aufgabe treffen.

Das müssen Sie zu Beginn klären:
- Klarheit über die eigenen Kompetenzen und Fähigkeiten
- Klärung der Rahmenbedingungen und der Zielsetzung
- Angemessene Freistellung vom Tagesgeschäft
- Klärung des Rückkehr-Modus
- Hierarchische Eingliederung im Unternehmen

▪ Sprechen Sie mit dem Auftraggeber über Ihre Stärken und Schwächen

Wenn Sie Ihr Kienbaum-Persönlichkeits-Profil (www.kienbaum.de) erarbeitet haben, kennen Sie Ihre Stärken und Schwächen. Haben Sie inzwischen Ihre persönlichen Verbesserungsfelder identifiziert, sollten Sie sich mit Ihrem Vorgesetzten oder dem Auftraggeber über mögliche Personalentwicklungs- und Qualifizierungsmaßnahmen unterhalten. Wer in dieser Situation ehrlich ist, kann vielen Problemen in der eigentlichen Projektarbeit vorbeugen. Jetzt nicht mit offenen Karten zu spielen birgt das Risiko in sich, bei einem Scheitern des Projektes die Fehler bei sich selbst suchen zu müssen. Auf dem Weg zur Karriere wäre das sicherlich nicht förderlich.

▪ Halten Sie die Rahmenbedingungen und die Zielsetzung fest

Der Projektmanager sollte gemeinsam mit dem Auftraggeber eine umfassende Klärung der Rahmenbedingungen und der Zielsetzung des Projektes vornehmen. Hierin liegen nämlich verschiedene Erfolgsfaktoren für den Projektmanager. Eine häufig nicht beachtete Frage ist damit angeschnitten: Wer ist überhaupt der Auftraggeber, wer initiiert dieses Projekt? Der Auftraggeber ist nicht nur derjenige, an den berichtet wird und der notwendige Entscheidungen trifft bzw. an angemessener Stelle einfordert. Er ist es, der in diesem Projekt einen erheblichen Nutzen für das Unternehmen sieht und im Betrieb dafür die Werbetrommel rühren kann. Er ist also nicht nur inhaltlich eine wichtige Person, sondern auch politisch.

SIE MÜSSEN SICH ABSICHERN

Ist also geklärt, wer der Auftraggeber ist, muss definiert werden, welche Zielstellung das Projekt verfolgt. Das ist nicht nur inhaltlich wichtig. Der Projektmanager sichert sich dadurch ab. Er kann seine Aufgaben klar eingrenzen und festhalten, wann er seine Aufgabe erfolgreich abgeschlossen hat. In den weiterführenden Kapiteln wird darauf eingegangen, welche Kriterien ein sinnvolles Ziel zu erfüllen hat und wie es entwickelt werden kann.

Im nächsten Schritt sind dann die Rahmenbedingungen zu klären (Start- und Endtermin, Budget, wichtige Schnittstellen etc.). Diese Informationen bieten dem Projektmanager die Möglichkeit, die Aufgabe einzuschätzen und in erste Verhandlungen einzusteigen, falls die Bedingungen nicht realistisch erscheinen. Er sollte an dieser Stelle entscheiden, ob er grundsätzlich an der Übernahme der Projektleitung interessiert ist. Erscheinen die Rahmenbedingungen auch nach längerem Verhandeln nicht ideal, sollte man das Risiko nicht eingehen.

Lassen Sie sich vom Tagesgeschäft angemessen freistellen

Die Projektarbeit bedeutet eine zusätzliche Belastung zum Tagesgeschäft. Viele Auftraggeber und Vorgesetzte erwarten, dass der Mitarbeiter diese Aufgabe durch Überstunden ableistet. Häufig werden diese Überstunden dann nicht vergütet. Wenn die Projektarbeit in einem angemessenen Rahmen bleibt, kann man diese zusätzlichen Stunden akzeptieren. Schließlich investiert man hier in seine persönliche Weiterentwicklung und Karriere.

Manchmal unterschätzt man allerdings die Belastung durch die Projektarbeit. Dann leidet entweder die Qualität oder die Quantität der Arbeit, im schlimmsten Fall beides. Daher sollte der Projektmanager eine möglichst realistische Einschätzung vornehmen, wie viel Arbeitszeit in das Projekt zu investieren ist. Hier sind sowohl Sitzungen und Besprechungen als auch deren Vor- und Nachbereitung sowie inhaltliche Arbeiten zu beachten. Übersteigt diese Zeit ein akzeptables Maß, ist eine anteilige oder sogar vollständige Freistellung vom Tagesgeschäft zu beantragen.

Diese Freistellung ist mit zwei wichtigen Personen abzustimmen: Der Auftraggeber hat die Notwendigkeit zu akzeptieren und zu bestätigen, der Linienvorgesetzte muss die Freistellung für umsetzbar erklären.

Fördert eine Projektleitung Ihre Karriere?

LASSEN SIE SICH ALLES SCHRIFTLICH GEBEN!

Dabei sollte man sich als Projektmanager nicht auf eine mündliche Zusage verlassen. Im Zweifelsfall ist immer der Mitarbeiter der Leidtragende, der dann doch Tagesgeschäft und Projektarbeit leisten muss. Eine schriftliche Bestätigung der Freistellung durch Auftraggeber und Vorgesetzten ist sinnvoll. Dabei sollte verbindlich geregelt werden, welche Aufgaben seines Tagesgeschäfts der Projektmanager zukünftig abgeben darf und wer für diesen Zeitraum hierfür verantwortlich sein wird. So kann auch eine gute Übergabe erfolgen.

Was erwartet Sie nach dem Projekt?

Handelt es sich um ein umfangreiches Projekt, das eventuell sogar eine vollständige Freistellung von der bisherigen Aufgabe bedeutet, ist es wichtig, den Rückkehr-Modus zu klären. Hat sich ein Projektmanager z. B. zwei Jahre um die Einführung einer neuen Software gekümmert, konnte sich in der Zwischenzeit ein anderer Mitarbeiter in dessen bisheriges Tätigkeitsfeld einarbeiten. Dann empfiehlt es sich nicht, den Projektmanager wieder an seine alte Position zurückkehren zu lassen. Den Rückkehr-Modus zu klären ist für den Projektmanager also eine wichtige Form der persönlichen Absicherung. Bei dieser Gelegenheit kann er auch gleich über die weitere Karriereentwicklung nach dem Projekt verhandeln. Hier kommt es auf die Ausgangssituation und die Positionierung des Projektmanagers im Unternehmen an. Wie bei jeder Verhandlung zur persönlichen Entwicklung ist dabei Fingerspitzengefühl gefragt. Doch sollte man sich nicht mit Aussagen wie: „Warten wir erst einmal den Erfolg des Projektes ab!" abspeisen lassen. Wenigstens eine Aussage, in welcher Art von Position Sie eingesetzt werden können, sollte vom Unternehmen erfolgen.

Wem sind Sie unterstellt?

Vor allem dann, wenn eine vollständige Freistellung des Projektmanagers von seinem Tagesgeschäft erfolgt, stellt sich die Frage, wer im Weiteren die Führungskraft dieses Projektmanagers sein wird. Geht man davon aus, dass der bisherige Vorgesetzte nicht an der Projektaufgabe beteiligt ist, hat es wenig Sinn, die bisherige Zuordnung bestehen zu lassen. Vor allem unter dem Aspekt der Mitarbeiterbeurteilung und der weiteren Personalentwicklung des Projektmanagers ist es wichtig, schon zu Beginn des Projektes die Verantwortlichkeiten zu klären. Soll das Projekt ein weiterer Meilenstein in der Karriere des Projektmanagers sein, muss allen Beteiligten transparent sein, auf welcher Grundlage und von welchen Personen entsprechende Entscheidungen getroffen werden können.

Klären Sie die Erfolgschancen des Projektes

Nachdem Sie sich als Projektmanager abgesichert haben, sollten Sie sich Gedanken über die Erfolgschancen des Projektes machen. Ob ein Projekt erfolgreich ist, hängt nicht nur von der Person des Projektmanagers und dessen Kompetenzen im Projektmanagement ab, sondern auch von der politischen Situation und den Machtverhältnissen im Unternehmen. Der Projektmanager sollte sich darüber im Klaren sein, welche Schlüsselpersonen im Unternehmen das Projekt unterstützen werden und welche negativ eingestellt sind. Gibt es diese negativen Tendenzen im Unternehmen, muss als nächstes eingeschätzt werden, ob diese sich aktiv gegen das Projekt stellen werden oder ob kein Widerstand zu erwarten ist. Aktiver Widerstand gefährdet das Projekt und bedeutet eine zusätzliche Herausforderung für den Projektmanager.

Der Projektmanager muss wissen, ob er sich dieser Herausforderung gewachsen fühlt oder nicht. Ein Mitarbeiter, der gegen große Widerstände ein Projekt zum Erfolg führt, qualifiziert sich deutlich für weitere Aufgaben. In vielen Unternehmen wird aber ein Scheitern nicht akzeptiert. Der Betroffene muss sich dann mit weniger anspruchsvollen Aufgaben begnügen, Karrierechancen gibt es kaum mehr. Manchmal muss man einfach ein Risiko eingehen, um beruflich voranzukommen. Der Projektmanager sollte sich aber erstens das Risiko klar machen und zweitens seine Entscheidung unter den existierenden Machtverhältnissen sehr bewusst treffen.

Mit diesen Interessengruppen müssen Sie rechnen

Mit welchen Interessengruppen und mit welchen Widerständen müssen Sie als Projektmanager rechnen? Wie können Sie Ihre Gegner in Schach halten? Im Folgenden werden die wichtigsten Interessengruppen in Unternehmen beschrieben.

> **Interessengruppen im Unternehmen:**
> - Unternehmensleitung
> - Personalvertretungen
> - Betroffene Abteilungen

DIE UNTERNEHMENSLEITUNG

Sie gibt im Allgemeinen eine übergreifende Unternehmensstrategie vor. Gerade Projekte mit abteilungs- oder bereichsübergreifender Ausrichtung werden somit das Interesse der Unternehmensleitung wecken, wenn sie nicht bereits von ihr in Auftrag gegeben wurden.

Geht man von dem weitaus schwierigeren Fall aus, dass die Unternehmensleitung ursprünglich nicht an der Entwicklung dieses Projektes beteiligt war, ergeben sich für den Projektmanager wichtige Konsequenzen. Je wahrscheinlicher es ist, dass die Projektziele nicht vollständig auf die Zustimmung der Unternehmensleitung treffen werden, desto wichtiger ist es sich der Unterstützung des Auftraggebers sicher sein zu können. Stimmen die Ziele des Projektes mit den Zielen der Unternehmensleitung überein, kommt es auf die Bedeutung des Projektes für diese an. Liegt ein besonderes Augenmerk der Unternehmensleitung auf diesem Projekt, wirkt sich ein Erfolg sicherlich sehr positiv auf die weitere berufliche Entwicklung des Projektmanagers aus, ein Misserfolg aber äußerst negativ.

Die Personalvertretungen

Es gibt nur wenige Projekte, die keinerlei Berührungspunkte zu den Personalvertretungen (Betriebs- bzw. Personalrat, Frauen-Vertretung, Schwerbehinderten-Vertretung) aufweisen. Der Projektmanager sollte sich über den Grad der Einbindung der Personalvertretungen im Klaren sein. Hier gibt es gesetzliche Vorschriften, die zwingend eingehalten werden müssen.

Aber auch über die gesetzlichen Vorschriften hinaus ist es wichtig die Rolle der Personalvertretungen zu kennen. Erfahrungen anderer Kollegen und Projektmanager mit diesen Gremien helfen das Risiko, das von diesen für den Erfolg des Projektes ausgeht, realistisch einzuschätzen.

Betroffene Abteilungen

Neben diesen übergreifenden Interessengruppen gibt es in jedem Projekt betroffene Abteilungen und Mitarbeiter. Der Projektmanager sollte sich vor Beginn der Arbeit darüber im Klaren sein, inwieweit diese Betroffenen gegenüber dem Projekt positiv oder negativ eingestellt sind. Besonders relevant wird diese Frage, wenn die Mitarbeit dieser Betroffenen erforderlich ist. Die Schwierigkeit des Projektes hängt in hohem Maße davon ab, welche Zustimmung von diesen Personen zu erwarten ist. Grundsätzlich gilt der Spruch: „Betroffene zu Beteiligten machen." Je eher Sie betroffene Kollegen einbinden, umso geringer fällt deren Ablehnung gegenüber dem Projekt aus.

Sicherlich gibt es auch noch viele weitere Gruppen, die in diese Überlegungen einbezogen werden müssten. Auch die Interessen von Einzelpersonen dürfen nicht aus dem Auge verloren werden. Wichtige Fragen können hier sein: Steht der Auftraggeber wirklich hinter dem Projekt? Steht mein Vorgesetzter hinter diesem Projekt (wenn er nicht auch gleich der Auftraggeber ist)? Gibt es Kollegen oder Mitarbeiter, die gerne die Projektleitung übernommen hätten? Gibt es in anderen Bereichen des Unternehmens gegenläufige Tendenzen? Um die Gedanken zu diesem Punkt strukturieren und das eigenen Vorgehen daran ausrichten zu können, bietet die folgende Tabelle eine gute Grundlage.

Teilen Sie alle Personen, die Ihnen für das Projekt wichtig erscheinen, in diese Tabelle ein. Das hilft Ihnen, sich einen Überblick über Ihre Situation zu machen und eventuell Maßnahmen einzuleiten.

Politische Lage des Projektes im Unternehmen

	Pro	Neutral	Contra
Aktiv			
Passiv			

Wie Sie auf der Projektlaufbahn Karriere machen

Immer mehr Unternehmen bieten neben der klassischen Führungslaufbahn weitere Karrierewege an. Hintergrund ist, dass in den Unternehmen von heute mit ihren schlanken Hierarchien immer weniger durch Beförderungen motiviert werden kann. Leistungsfähige Mitarbeiter müssen aber die Möglichkeit bekommen voranzukommen. Gerade vielen jungen Potenzialträgern fehlt die Perspektive; sie suchen dann eine größere Herausforderung bei einem neuen Arbeitgeber. Karriere- und Personalberater raten häufig nur dann zu einem Jobwechsel, wenn damit eine Verbesserung der eigenen Position verbunden ist. Wird diese Möglichkeit vom aktuellen Arbeitgeber geboten, ist ein Wechsel nicht immer sinnvoll.

Um ihren Mitarbeitern attraktive Anreize zu bieten, haben viele Unternehmen zusätzlich zur Führungslaufbahn eine Fach- oder Expertenlaufbahn und eine Projektlaufbahn eingeführt. Die Mitarbeiter werden entsprechend ihren Kompetenzen und Interessen den unterschiedlichen Laufbahnen über ein Auswahlverfahren oder eine Empfehlung zugewiesen.

Die Projektlaufbahn bietet dem Mitarbeiter die Möglichkeit im Laufe seiner Karriere immer umfassender Verantwortung in Projekten zu übernehmen. Der Einstieg wird meist über die Teilprojektleitung gewählt, sodass durch den erfahreneren Gesamtprojektleiter methodische Unterstützung gewährleistet ist. In den nächsten Schritten übernimmt der Mitarbeiter dann die Gesamtverantwortung für ein Projekt. Dabei unterscheiden sich die Projekte vor allem in ihrer strategischen Bedeutung für das Unternehmen und in ihrem Umfang. So können Projekte eine Abteilung oder einen Geschäftsbereich betreffen, aber auch das gesamte Unternehmen oder den Aufbau neuer Geschäftsfelder, Niederlassungen usw. Mit der internationalen Ausrichtung eines Projektes steigt nochmals die Verantwortung des Projektmanagers.

PROJEKTE VERLAUFEN ERFOLGREICHER
Für die Unternehmen bietet eine zusätzliche Projektlaufbahn aber nicht nur eine weitere Möglichkeit der Mitarbeiterförderung. Durch die systematische und professionelle Leitung von Projekten steigen die Erfolgschancen von Projekten immens. Mitarbeiter der Projektlaufbahn besitzen ihre Kernkompetenzen im Management von Projekten und sind zudem nicht durch das laufende Tagesgeschäft zusätzlich belastet. Da die jeweilgen Spezialisten aus den verschiedenen Unternehmensbereichen als Projektmitarbeiter eingesetzt werden, ist auch die inhaltliche Qualität von Projekten gesichert.

Eine gut organisierte Projektlaufbahn muss natürlich eine Antwort auf die Frage geben, an welchen Platz der Projektleiter nach seinem Job zurückkehrt. Was passiert mit ihm, wenn er nicht weiter Projekte managt? Häufig tritt an dieser Stelle der Wechsel in die Führungslaufbahn ein.

Wie bereits vorgestellt, ist die Methodenkompetenz ein wichtiger Baustein für das erfolgreiche Bearbeiten von Projekten. Das folgende Kapitel widmet sich daher verschiedenen Instrumenten, die das strukturierte Bearbeiten von Projekten unterstützen.

Alles im Griff mit den richtigen Instrumenten

Roland Meier will sein Projekt zielorientiert angehen. In seinem Büro macht er sich daran, Ziele zu definieren und schriftlich zu fixieren. Doch schnell merkt er, dass er sich der Sache auf vielen Wegen nähern kann. Schon nach einigen Überlegungen kapituliert er, denn er hat nur seine Wünsche in das Projekt hineindefiniert. So nimmt er schließlich seinen Mut zusammen und sucht das Büro seiner Chefin auf, um das Thema erneut mit ihr zu diskutieren.

Die Personalleiterin Uta Baumann begrüßt es sehr, dass Roland Meier sich bereits Gedanken über die Ziele des Projektes gemacht hat und er zudem frühzeitig die Diskussion mit ihr sucht. Doch zunächst bremst sie ihn. „Schön, dass sie gleich loslegen, ich hätte mich wohl auch noch mal mit Ihnen zusammengesetzt, wollte Ihnen aber erst mal Zeit geben, sich mit dem Thema anzufreunden. Wir sollten einen Schritt nach dem anderen machen. Bevor wir konkrete Ziele definieren, sollten wir uns klar machen, aus welcher Situation heraus wir uns verändern wollen, welche Probleme es heute gibt, wo die wichtigsten Baustellen sind und was das Projekt leisten soll". In zwei lebhaften Stunden diskutieren die beiden über die Startphase des Projektes. Als Roland Meier dann das Büro seiner Chefin verlässt, ist er wieder einmal begeistert, was diese an methodischem Rüstzeug parat hält. Insbesondere die Strukturierung des gesamten Vorhabens hat ihm gefallen.

Im folgenden recht umfangreichen Kapitel werden wir Ihnen verschiedene Instrumente vorstellen, mit denen Projekte methodisch strukturiert angegangen werden. Die Fülle der Instrumente mag vielleicht zunächst abschrecken. Wir wollen Sie auch nicht auffordern, Projekte zu formalistisch und methodenkonform durchzuorganisieren. Betrachten Sie die folgenden Ausführungen als Angebot und suchen Sie sich die Dinge heraus, die Sie für Ihre Projekte als sinnvoll erachten. Überlegen Sie aber sehr genau, welche Folgen es haben kann, wenn Sie auf manche Instrumente bewusst verzichten.

Viele der dargestellten Methoden sind nur kurz, eher skizzenhaft beschrieben, da es sich anbietet die konkrete Ausgestaltung sehr projektspezifisch vorzunehmen.

Zunächst sollten Sie das Projekt grob gliedern und im Verlauf für jede Phase geeignete Instrumente auswählen.

Phasenmodelle geben eine erste Struktur

Um dem Projekt gleich von Beginn an Struktur zu geben, ohne tief in die Inhalte einsteigen zu müssen, bieten sich Phasenmodelle an. Diese strukturieren im Sinne des prozessorientierten Denkens das gesamte Vorhaben.

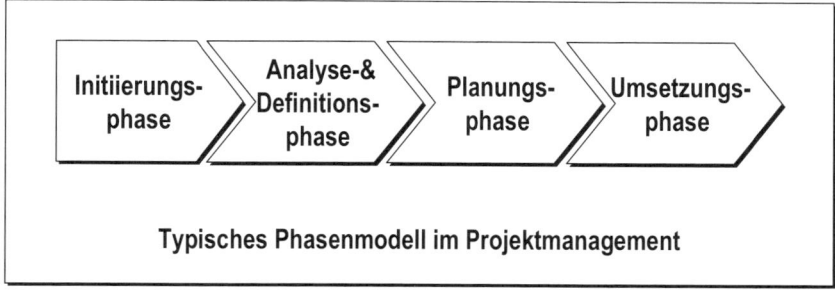

Typisches Phasenmodell im Projektmanagement

Phasenmodelle, die in der weiteren Planung schrittweise verfeinert werden, bieten folgende Vorteile:

- Sie bieten eine gute Orientierung, um schrittweise „vom Groben ins Detail" zu gelangen.
- Sie ermöglichen eine systematische Problemlösung, das Aufzeigen von Abhängigkeiten und die Einordnung von Problemen.
- Es können so genannte „Meilensteine" gesetzt werden, die jeweils eine Phase (und in der verfeinerten Planung auch Teilphasen) abschließen.
- Der Auftraggeber kann besser kontrollieren und steuern.

- Man kann auf vorhandene Erfahrungen zurückgreifen; in sehr vielen Unternehmen gibt es bewährte Phasenmodelle aus abgeschlossenen Projekten.
- Sie bieten allen Projektmitgliedern Orientierung.

In den zahlreichen Publikationen zum Thema Projektmanagement werden verschiedene Phasen definiert und diesen unterschiedliche Inhalte zugeordnet. Das hier skizzierte Modell erhebt nicht den Anspruch, für alle denkbaren Projekte das einzig mögliche zu sein. Da es sich in der Praxis allerdings sehr gut bewährt hat, werden wir an diesem Modell entlang methodische Hinweise und Beispiele geben.

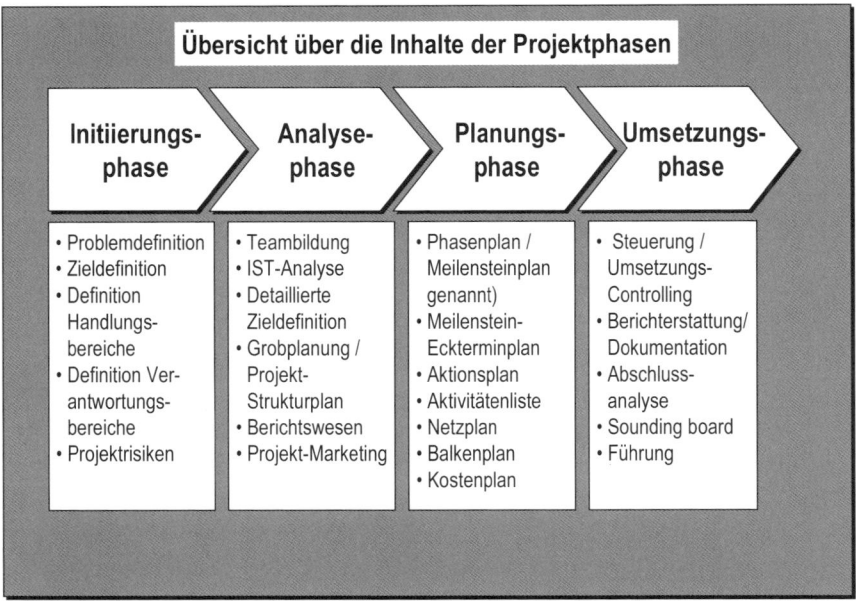

Initiierungsphase

Die Initiierungsphase beinhaltet alle Schritte hin zum konkreten Projektauftrag. Insbesondere bei internen Projekten ist diese Startphase allerdings häufig ein undurchsichtiger Prozess. Auch wenn nicht immer nachvollziehbar ist, wer nun die Idee für das Projekt hervorgebracht hat, so steht am Ende dieser Phase entweder der Projektauftrag als offizieller „Startschuss" oder aber der dokumentierte, begründete Entschluss das Projekt nicht durchzuführen.

Die Initiierungsphase von Projekten lässt sich nicht standardisieren. Professionell läuft sie ab, wenn der Projektauftrag einigen Grundanforderungen genügt und typische „Unterlassungssünden" vermieden werden (darauf werden wir im Folgenden noch eingehen).

> **DARAUF MÜSSEN SIE BEIM PROJEKTAUFTRAG ACHTEN**
>
> Projektmanagement ist stark auftragsbetont.
>
> **Kein Projekt ohne Auftrag!**
>
> Zur Erstellung des Projektauftrages müssen folgende Punkte abgearbeitet werden:
>
> – Problemdefinition,
> – Zielfindung,
> – Definition des Handlungsbereiches,
> – Definition des Verantwortungsbereiches,
> – Definition von Projektrisiken.

Definieren Sie das Problem!

Auch wenn das Problem auf der Hand liegt und jeder es kennt – halten Sie es schriftlich fest! Dies erleichtert zum einen die Zieldefinition, zum anderen kann der Projektleiter besser nachvollziehen, warum der Auftraggeber welche Ziele verfolgt. Dies kann im Weiteren dann auch den Projektmitgliedern sowie in der projektexternen Kommunikation allen Interessierten transparent gemacht werden.

Häufig erweist sich die Problembeschreibung dann auch gar nicht als so trivial, wie sie zunächst erschien. Hier ein Tipp, wie Sie vorgehen können.

Alles im Griff mit den richtigen Instrumenten

WIE DEFINIERT MAN DAS PROBLEM?

Die Problemdefinition soll keine vage Aufforderung zur Reaktion, aber auch noch keine Problemlösung sein.

Überdefiniertes Problem:
Ziel und Lösungsweg sind mit der Definition bereits vorgegeben.

Undefiniertes Problem:
Es ist noch vollkommen unklar, wofür ein Projekt benötigt wird, es gibt keine Ansätze für die Zieldefinition.

Sollte sich die Problembeschreibung schwieriger als erwartet erweisen, können verschiedene Verfahren helfen[2]. Drei seien hier kurz erläutert.

Methoden zur Problemdefinition

Methode	Beschreibung
Problem-zerlegung	Das Problem wird in viele Teilprobleme zerlegt, die sich leichter beschreiben lassen. Hierzu gibt es die verschiedensten analytischen Kriterien, wie etwa die hierarchische Zerlegung (welche Problemstellung ist dem aktuellen Problem übergeordnet?), die sequenzielle Problemzerlegung (welche Probleme sind dem aktuellen Problem vorangegangen, was ist der Auslöser?), die arbeitsanalytische Problemzerlegung (orientiert sich an Auffälligkeiten im Arbeitsprozess?) oder aber die funktionsanalytische Problemzerlegung (welche Funktionen sind problematisch?).

---

[2] Das Innovationsmanagement hält die detailliertesten Techniken zur Problemdefinition parat. Lesen Sie dazu: Hauschildt, Jürgen; „Innovationsmanagement"; Verlag Vahlen; München 1993

Initiierungsphase

Problem-verfrem-dung	Das Problem wird in einer gänzlich anderen Weise dargestellt. Durch die Herauslösung aus der ursprünglichen Form sollen vor- und nachgelagerte sowie über- und untergeordnete Problemaspekte sichtbar werden. Als Methoden bieten sich an: - Das Problem mit anderen Worten beschreiben - Das Problem in eine Fremdsprache übersetzen und von einem Dritten zurückübersetzen lassen - Das Problem wird nonverbal (z. B. grafisch oder mathematisch) formuliert - Das Problem wird in einem Rollenspiel aus der Sicht unterschiedlicher Interessenten formuliert
Analogien	Das Problem wird in Analogie zu ähnlichen Problemen definiert; ggf. ist es sinnvoll, Analogien in gänzlich anderen Bereichen zu suchen (z. B. Übertragung des Problems auf die Welt des Sports).

Für das Projekt von Roland Meier könnte die Anwendung der Problemanalyse-Methoden wie folgt aussehen:

Methoden zur Problemdefinition: Beispiel Roland Meier

Methode	Beispiel
Problem-zerlegung	- EDV-Probleme, hoher Aufwand zur Pflege der Mitarbeiterstammdaten und der Zeitsysteme. IT-Unterstützung für die Personalarbeit ist nicht prozessorientiert. - Rollenverständnis: Personaler verstehen sich eher als Administratoren und Bewahrer des Status quo. - HR-Programme und Produkte: Wenige Innovationen in den vergangenen Jahren, Auswahlverfahren und Entwicklungsinstrumente sind nicht mehr bedarfsorientiert. Personalentwicklung ist nicht strategiegeleitet. - Vergütungssysteme sind nicht leistungsorientiert. - Personalabteilung hat schlechten Ruf im Unternehmen.

Alles im Griff mit den richtigen Instrumenten

Problem-verfremdung	– Interne Kunden beschreiben das Problem des Personalbereiches (anderer Blickwinkel). – Hätte der Personalbereich als eigenständiges Unternehmen eine Überlebenschance? Wenn nein - warum nicht? – Rollenspiel über den Prozess einer Umgruppierung eines Mitarbeiters. Die Rollen der Führungskraft, des Mitarbeiters, des Betriebsrates und des zuständigen Personalreferenten werden überzeichnet dargestellt.
Analogien	– Welche anderen indirekten/administrativen Bereiche haben sowohl eine ordnungspolitische als auch eine Dienstleistungsfunktion in Einklang zu bringen (z. B. IT-Bereich)? – Welche Probleme stellen sich Outsourcing-Anbietern?

Zieldefinition

Der Projektauftrag muss das Ziel des Projektes beinhalten. Allerdings ist es nur grob umrissen. Wenn aber schon Zielunklarheit akzeptiert werden muss (da es sich um eine gänzlich neue Aufgabe handelt), sollte diese wenigstens kontrollierbar sein. Eventuell kann es daher in innovativen Projekten nötig sein, mit so genannten Negativkatalogen in der Zielbeschreibung zu arbeiten. Diese halten fest, welche Zielobjekte ausgeblendet werden. Zu jedem Ziel wird jeweils definiert, bis wann dieses Gültigkeit besitzt, wann es also wieder überprüft und ggf. geändert wird. Die Zielfindung vollzieht sich während des gesamten Prozesses der Problemlösung, also bis kurz vor Ende des Projektes, wobei der Anpassungsumfang mit weiterem Projektfortschritt abnimmt.

Das Projektziel ist eine normative Aussage des Entscheidungsträgers über den gewünschten, anzustrebenden zukünftigen Zustand. Um diesen „dingfest" zu machen, sollte das Ziel folgende Bestandteile beinhalten:

WAS BEINHALTEN ZIELE?

Zielobjekt:	Worum geht es?
Zieleigenschaften:	Wie lässt sich der Zielzustand beschreiben?
Zielmaßstab:	Wie bewerte/messe ich die einzelnen Eigenschaften?
Zielfunktion:	Wie gewichte ich die einzelnen Eigenschaften?
Zeitlicher Bezug:	Für welchen Zeitraum haben die Ziele Geltung? Bis wann soll das Ziel erreicht werden?

Überprüfen Sie Ihre Zielformulierung noch einmal anhand der folgenden Checkliste.

Ist das Ziel Ihres Projektes spezifisch genug definiert?

- Ist der Zielzustand so beschrieben, dass jeder im Projektteam weiß, worum es geht?
- Ist festgeschrieben, wie die Zielerreichung gemessen/bewertet wird und durch wen diese Bewertung erfolgt?
- Wenn das Ziel noch nicht sehr konkret ist, ist dann abgegrenzt, was nicht Gegenstand des Projektes ist („out of scope list")
- Gibt es eine „Deadline", bis wann das Projekt abgeschlossen sein muss?
- Gibt es neben der finalen „Deadline" bereits Termine für Zwischenergebnisse (z. B.: „Information des Vorstandes in der Oktobersitzung")?
- Gibt es „Abbruchkriterien", bei deren Eintreten die Ziele und damit ggf. das Projekt obsolet werden?
- Gibt es einen Termin, zu dem die Ziele überprüft werden?

Projektzielblatt

Projektname:	„Personalarbeit der Zukunft"		
Auftraggeber:	Uta Baumann, P	Projektleiter:	Roland Maier, PBE1

Grobziel:
Erarbeitung eines Konzepts für die Personalarbeit im Jahre 2010

Zielbeschreibung:
Erarbeitung eines Grobkonzeptes, das die Anforderungen an die Personalarbeit in den kommenden Jahren vorausdenkt und daraus resultierende notwendige Entwicklungspfade aufzeigt.
Notwendige Prozess-, Produkt- und Aufbauorganisationsänderungen werden beschrieben und auf einem Entwicklungspfad dargestellt.

Kriterien zu Zielerreichung: *(werden im Zuge der Projektplanung terminiert)*

Kriterium	Termin	Kriterium	Termin
Status quo wurde analysiert		Externe Benchmarks wurden eingeholt	
Zukunftsszenarien liegen vor		Handlungsfelder sind beschrieben	
Notwendige Tools sind definiert		Umsetzungsplan ist generiert	
Wirtschaftlichkeitsberechnung liegt vor		Ergebnisbericht & -präsentation	

Anmerkungen zur Zielbeschreibung:
Es wird bewusst auf das Setzen von einschränkenden Rahmenbedingungen verzichtet. Sollten z. B. für die Automatisierung von Prozessen neue EDV-Tools benötigt werden, soll eine diesbezügliche Empfehlung unabhängig von der bestehenden IT-Strategie gegeben werden

Projektstart:	01.11.2003	Projektende:	30.06.2003
Budget:	tbd.		

Projektteam: *tbd., wird im Projektauftrag beschrieben*
- » N. N., PBE »
- » N. N., PW »
- » N. N., Controlling »
- » N. N., Fachbereich »
- » N.N., IT »

Anmerkungen:
Insbesondere das Budget und das Projektteam müssen im Projektauftrag noch definiert werden.
Die Frage, ob Unterstützung durch externe Berater ermöglicht wird, ist noch nicht abschließend erörtert.

Datum:	15.09.2003

Unterschrift Auftraggeber	Unterschrift Projektleiter

Definition des Handlungs- und Verantwortungsbereiches

Im Projektauftrag muss für alle Beteiligten definiert werden, welche

- **A**ufgaben, Funktionen und Pflichten,
- **V**erantwortung und
- **M**acht, Befugnisse bzw. Rechte übernommen bzw. übergeben werden.

Das so genannte AVM-Dreieck drückt aus, dass zwischen diesen drei Dimensionen ein Gleichgewicht herrschen muss.

Nur wenn eine „Instanz" (z. B. Projektleiter, Projektmitarbeiter ...) die Macht (das Recht) bekommt, die sie benötigt, um die übertragenen Aufgaben zu bewältigen, kann auch die Verantwortung dafür übernommen werden.

VIEL VERANTWORTUNG, WENIG MACHTBEFUGNIS?

Oft zeigt sich in Projekten aber, dass insbesondere Projektleitern häufig sehr viel mehr Verantwortung übergeben wird, als sie mit der ihnen zugestandenen Macht tragen können. In diesem Falle kommt es zu einer Schieflage des Dreiecks:

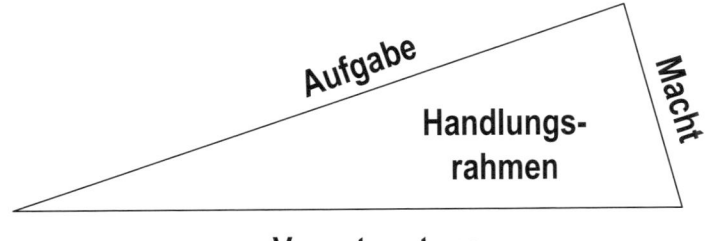

Um solche Schieflagen zu vermeiden, ist es sinnvoll, im Rahmen der Startphase des Projektes einen Kontrakt zwischen Auftraggeber und Auftragnehmer (Projektleiter) zu schließen, der die bestimmenden Faktoren des Handlungsrahmens für folgende Rollen festschreibt:

- Auftraggeber
- Entscheider
- Projektleiter
- Ggf. Teilprojektleiter
- Projektteammitglieder
- Projektmitarbeiter/Linienmitarbeiter

Die folgende Abbildung zeigt, wie eine Beschreibung des Handlungsrahmens erstellt werden könnte:

Beschreibung des Handlungsrahmens

Bestandteile	Fragen	Beispiele
Funktion Aufgaben	Was muss ich tun? Welche Funktionen muss ich übernehmen?	- Moderieren - Planen - Strukturieren - Informieren - Anweisen - Kontrollieren - Dokumentieren

Verantwortung	Welche Verpflichtung habe ich gegenüber Dritten? Wofür muss ich Rechenschaft ablegen?	- Erreichen der Projektziele - Einhaltung der Termine - Einhalten des Budgets - Einhalten von Arbeitszeitkontengrenzen der zugeteilten MA - Sicherstellung der Informationen an die Entscheidungsträger
Macht	Welche Befugnisse und Rechte habe ich? Wem gegenüber bin ich weisungsbefugt?	- Arbeitsverteilung - Zugang zu Informationen - Kontrolle der Arbeitsergebnisse - Unterzeichnung von Verträgen - Zugriff auf Budget

Die detaillierte Beschreibung jeder Rolle ist ein wesentlicher Bestandteil der zu definierenden Projektaufbauorganisation. Aus der zugeteilten Verantwortung und Macht ergibt sich, ob es sich in der Aufbauorganisation um

- „Reines" Projektmanagement,
- Matrix-Projektmanagement oder
- Einfluss-Projektmanagement handelt.

REINES PROJEKTMANAGEMENT

In der ersten Variante wird das Projekt wie eine „Abteilung auf Zeit" geführt. Der Projektleiter hat volle Weisungsbefugnisse über das Team und trägt die volle Verantwortung für die Erreichung der Sach-, Termin- und Kostenziele. Diese Form ist vor allem für strategisch wichtige Projekte geeignet.

MATRIX-PROJEKTMANAGEMENT

Hierfür gibt es verschiedene Organisationsformen. Charakteristisch für alle Matrix-Modelle ist, dass die Teammitglieder gleichzeitig dem Projektleiter und ihrem Linienvorgesetzten unterstehen. Zu regeln ist bei diesen Varianten, wer die

- fachliche,
- funktionale und
- disziplinarische

Weisung über die Projektmitarbeiter innehat. Am häufigsten ist das Modell, in dem die fachliche und funktionale Weisung beim Projektleiter, die disziplinarische Weisung aber beim Linienvorgesetzten liegt. Bei größeren, weniger zeitkritischen Projekten ist jedoch eine Trennung von fachlicher und funktionaler Trennung denkbar. In diesem Fall bestimmt der Projektleiter, was bis wann mit welchem Aufwand erledigt werden soll (fachliche Weisung, Verantwortung für Ergebnisziele, Termine und Kosten). Die Linie bestimmt, wer die Maßnahmen durchführt und wie dies geschieht. Der Linienvorgesetzte trägt damit Verantwortung für die Qualität des Ergebnisses entsprechend den Vorgaben des Projektleiters.

EINFLUSS-PROJEKTMANAGEMENT

Liegen alle Weisungsrechte bei der Linie, wird aus dem Projektleiter eine Art Koordinator. In diesem Falle spricht man vom „EinflussProjektmanagement". Nachteil ist der hohe Abstimmungsaufwand, die fehlende Macht Dinge „durchzudrücken" und unter Zeitdruck Ergebnisse zu erarbeiten. Ein großer Vorteil ist allerdings, dass die erarbeiteten Ergebnisse sehr hohe Akzeptanz in der Organisation erfahren.

Formen der Projektorganisation	Weisungsbefugnisse des Projektleiters							
	„Reines"Projektmanagement		„Matrix"-Projektmanagement		„Matrix"-Projektmanagement		„Einfluss-" PM	
	PL	Linie	PL	Linie	PL	Linie	PL	Linie
Disziplinarische Weisung	✓	—	—	✓	—	✓	—	✓
Funktionale Weisung	✓	—	✓	—	—	✓	—	✓
Fachliche Weisung	✓	—	✓	—	✓	—	—	✓
Einfluss	✓	—	✓	✓	✓	✓	✓	✓

So managen Sie die Risiken

Da es sich bei Projekten um neuartige Vorhaben handelt, sind diese zwangsläufig mit Risiken verbunden. Wenn man sie schon „in Kauf nehmen" muss, sollte zumindest versucht werden, sie zu steuern. Das Risikomanagement ist Bestandteil eines Qualitätsmanagements, das in vielen Unternehmen auch für die Projektabwicklung vorgeschrieben ist. Das Qualitäts- und Risikomanagement findet nicht nur in der Projektstartphase statt, sondern wird mit den „lessons learned" sogar noch über das Projektende hinaus angewendet.

Alle Inhalte, Prozesse und Rahmenbedingungen, die mit einem Risiko für Termine, Ergebnisqualität und Kosten verbunden sind, werden in einer Risikoliste erfasst, die dann kontinuierlich gepflegt wird. In Großprojekten kann es sogar sinnvoll und notwendig sein, einen Projekt-Qualitätsmanager zu bestimmen, in dessen Zuständigkeitsbereich dann auch das Risikomanagement fällt.

Anschließend werden alle Risiken, die den Projekterfolg gefährden können, klassifiziert. Hierzu gibt es verschiedene Modelle. Es bietet sich an, nach Auswirkungen und Eintrittswahrscheinlichkeit zu unterscheiden. Hierdurch lassen sich verschiedene Risikoklassen darstellen. Es handelt sich dabei um fünf Klassen, wie folgende Abbildung zeigt.

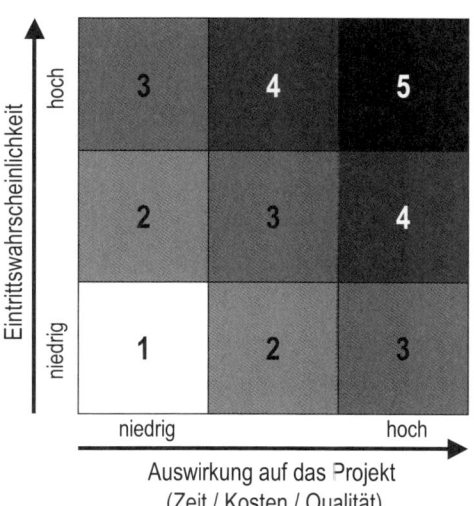

Risikoklasse 1:	„Akzeptieren", zunächst keine weitere Planung.
Risikoklasse 2:	„Frühwarnsystem" einrichten, das während des Projektverlaufes bei Eintritt des Risikos ein frühzeitiges Reagieren ermöglicht.
Risikoklasse 3:	„Eventuellplan" aufstellen. Das Risiko wird in die weitere Projektplanung aufgenommen und die Auswirkungen bereits vorweggenommen. Dieser Eventuellplan sollte frühzeitig erstellt werden, um im Falle des Eintretens schnell reagieren zu können.
Risikoklasse 4:	„Planänderung" vornehmen. Da die Eintrittswahrscheinlichkeit wie auch die Auswirkungen dieses Risikos relativ hoch sind, sollte versucht werden die Projektplanung daraufhin auszurichten. Der Eintritt des Risikos wird angenommen. Sollte dann im Projektverlauf das Risiko doch nicht eintreten, wird der Plan geändert, das Projekt kann dann schneller, günstiger oder mit höherer Qualität abgeschlossen werden.
Risikoklasse 5:	„Infragestellung" des Projektes. Das Projekt lässt sich aller Voraussicht nach nicht durchführen. Auftraggeber und Projektleiter sollten nochmals in die Problemanalyse und Zielfindung einsteigen und nach alternativen Projektdesigns suchen.

Risikomanagement

Risikoliste				
Projektinhalt Prozess Rahmenbedingung	Risiko	Risikobewertung (Klasse 1-5)	Maßnahmen	Wer/wann

Initiierungsphase __69__

▪ Zusammenfassung Projektstartphase

Die Startphase mündet im Projektauftrag, der zwischen dem Auftraggeber (der das Projekt **will**) und dem Auftragnehmer (der das Projekt **durchführt**) geschlossen wird.

Der Projektauftrag sollte nicht nur als „lästiges Übel" angesehen werden, das formal benötigt wird, um mit dem Projekt starten zu können. Er bietet insbesondere dem Projektleiter Sicherheit, indem auf Risiken und notwendige Rahmenbedingungen frühzeitig hingewiesen werden kann und Zusagen zu Kapazitäten und Budget festgeschrieben und damit einforderbar werden.

Der Projektauftrag sollte auf einer Seite gestaltet werden. Verweisen Sie auf diesem Blatt auf andere Dokumente, die im Anhang abgelegt werden. Insbesondere Zieldefinition, Rollenbeschreibung (Verantwortung/Befugnisse), Risikoanalyse und Projektplanung sollten separat detaillierter beschrieben werden.

Mit Abschluss der Initiierungsphase ist der „Startschuss" für das Projekt gegeben worden. Jedoch kann man nicht gleich mit der Umsetzung des Projektes beginnen. Zunächst sind in der Definitionsphase weitere vorbereitende Schritte sinnvoll, um im weiteren Projektverlauf fokussiert arbeiten zu können.

Der abgebildete Projektauftrag von Roland Meier enthält noch einige „Lücken". Um nicht ständig in den verschiedensten Dokumenten Änderungen vornehmen zu müssen, macht es Sinn, Referenzen zu setzen. Diese sollten auf eindeutige Dokumente referenzieren, die alle in einer (elektronischen) Projektakte zu finden sind. Im Projektauftrag sollte dann nicht nur – wie hier geschehen - das Dokument benannt werden (z. B. Zielblatt), sondern entweder das Kapitel im Projektordner oder der Dateiname mit Verzeichnispfad angeben werden.

Der Projektauftrag enthält weitere Schwachstellen:
Die Kompetenzen und die Verantwortungsbereiche sind nicht eindeutig geregelt. Roland Meier ist für das Ergebnis und die Termineinhaltung verantwortlich. Über seine Kompetenzen ist nichts festgehalten worden, auch nicht, in welchem Verhältnis die Mitarbeiter aus anderen Bereichen (IT und Vertrieb) ihm unterstellt werden. Auch die zur Verfügung stehenden Budgets stehen noch nicht ge-

nau fest. Hier sollte schnellstmöglich Klarheit geschaffen werden. Spätestens mit einem detaillierteren Projektplan sollte Herr Meier auch eine Budget- und Ressourcenplanung vorlegen. Nur dann weiß er sicher, welche Mittel ihm zugebilligt werden.

Unterlassungssünden in der Initiierungsphase:

- Anlass und Problemstellung sind nicht klar oder bei den Beteiligten besteht kein Konsens hierüber.
- Es ist nicht eindeutig auszumachen, wer der eigentliche Auftraggeber des Projektes ist.
- Die Zielsetzung ist unbekannt oder gänzlich unrealistisch..
- Es gibt nur Visionen des Auftraggebers, aber keine Ziele.
- Über Risiken und Tabus wird nicht - oder nicht offiziell - gesprochen.
- Die Erfolgskriterien sind unklar. Man weiß nicht, mit welchen Kriterien der Projekterfolg später bewertet wird.
- Die Zeitplanung ist unrealistisch, wird aber nicht infrage gestellt.
- Es gibt „Altlasten", die im Auftrag nicht berücksichtigt wurden.
- Die bereits bestehende Projektlandschaft mit ihren Abhängigkeiten und Vernetzungen wird nicht oder zu wenig betrachtet.
- Es wird zu wenig überlegt, welche Kompetenzen, Profile und Fähigkeiten die Projektbeteiligten benötigen, um den gewünschten Projekterfolg zu erzielen.
- Die Frage nach den notwendigen Ressourcen wird viel zu spät gestellt oder gänzlich unterdrückt.

Projektauftrag

Projektname:	Personalarbeit der Zukunft	Projektnummer:	HR 16/2002
Auftraggeber:	Baumann, P	Projektleiter:	R. Meier
Datum:	17.09.2002		

Problemstellung: *Was ist der Grund für das Projekt, welches der strategische Zweck?*

Der Personalbereich ist zu stark mit administrativen Tätigkeiten belastet, der Wertschöpfungsbeitrag ist relativ gering. Wenig Akzeptanz bei den Fachbereichen, wenig IT-Unterstützung, keine modernen Konzepte

Projekt-Ziel: *Was soll das Ergebnis sein/nicht sein, welchen Nutzen soll es für wen stiften?*

Konzept für die Personalarbeit im Jahre 2010 --> siehe detailliertes Zielblatt

Organisation:	*Wer ist wofür verantwortlich und hat welche Kompetenzen?*
Auftraggeber:	Uta Baumann P; Ressourcenbereitstellung, Promoter für Zusammenarbeit mit Fachbereichen
Ausschüsse:	Der P-Führungskreis wird als Steuerkreis für das Projekt definiert
Projektleiter:	Roland Meier, Freistellung zu 50 % für dieses Projekt. Verantwortlich für Ergebnis und Zeitplan
Projektteam:	Muss noch definiert werden, wahrscheinlich 2 P'ler, ein IT-MA und 1 Vertriebler

Termine:	*Wann beginnt bzw. endet was?*
Start Phase:	17.09.2002
Meilensteine:	Meilensteinplan ist vorzulegen bis 30.09 2002
Ende Phase:	
Ende Projekt:	01.04.2003

Ressourcen:	*Welche Ressourcen stehen zur Verfügung?*		
Projektbudget:	Budget für 1 Praktikant und 1 Diplomand, monetäre Mittel nach Absprache		
Personelle Ressourcen:	» 2 MA aus P zu 100% »	»	»
	» 1 MA aus IT (?? %) »	»	»
	» 1 MA aus Vertrieb (?? %) »	»	»
	»	»	»
Sonstige Ressourcen:	Wird bei Bedarf geklärt		

Restriktionen: *Welche Randbedingungen/Auflagen/Schnittstellen sind zu berücksichtigen?*

Schnittstelle zu internen Kunden und zur IT sind durch entsprechende Projektmitarbeiter abzubilden

Risikomanagement: *Welche Risiken sind zu erwarten, wie wird diesen begegnet?*

--> wird im Rahmen der Analysephase noch bestimmt. Vorzulegen bis zum 10.10.2002

Planung: *Wie sieht die Detailplanung Phase und die Grobplanung Projekt aus?*

--> wird im Rahmen der Planung noch bestimmt. Grobplanung ist vorzulegen bis zum 30.09.2002

Berichtswesen: *Wem wird wann worüber in welcher Form Bericht erstattet?*

Wochenberichte an Uta Baumann, Monatsbericht an P-Führungskreis

Auftraggeber:	**Projektleiter:**
Datum: 17.09.2002	Datum: 17.09.2002
Unterschrift: *Uta Baumann*	Unterschrift: *R. Meier*

Analyse- und Definitionsphase

Im Rahmen der Analysephase werden die Eingangsvoraussetzungen für die detaillierte Projektplanung geschaffen. Diese umfassen:

- Teambildung
- Ist-Analyse
- Überarbeitung/Konkretisierung der Zieldefinition
- Grobplanung/Projektstrukturplan
- Berichtswesen
- Projektmarketing

Teambildung

Nur mit den richtigen Leuten „an Bord" können Sie ein erstklassiges Ergebnis erreichen. In vielen Unternehmen ist es leider Kultur, dass jemand im Projekt „landet", der in der Linienfunktion entbehrlich ist. Welcher Vorgesetzte gibt schon gerne seine Leistungsträger her und stellt diese – zumindest für einen gewissen Anteil der Arbeitszeit - für Projekte frei?

Häufig ist es auch zu beobachten, dass der Projektleiter in die Auswahl des Projektteams nicht integriert ist. Manchmal erfährt er zeitgleich mit allen anderen Projektteammitgliedern, dass er für ein Projekt vorgesehen ist. Auch dies sollte im AVM-Dreieck geklärt werden.

Treten die oben geschilderten Situationen auf, hat der Projektleiter eigentlich nur zwei Möglichkeiten: Entweder er arrangiert sich mit der Situation und versucht, das Beste daraus zu machen (dazu Hinweise im Kapitel „Projektmanagement und Karriere") oder aber er lehnt die Leitung des Projektes unter diesen Umständen ab. Dies sagt sich jedoch leichter, als es in den meisten Organisationen getan ist. In vielen Unternehmenskulturen wäre ein solcher Schritt mit einem Karriereknick verbunden. Überlegen Sie daher genau, welcher Schritt das größere Risiko birgt: Das Projekt abzulehnen und damit „abgeschrieben" zu werden oder aber mit einer zum Scheitern verurteilten Mannschaft ein Projekt beginnen, das voraussichtlich keinen Erfolg haben wird. Auch dies kann ggf. Auswirkungen auf die Karriere haben.

Doch so schwarz-weiß muss die Lage nicht immer aussehen. Wenn Sie mit der Personalauswahl nicht ganz zufrieden sind, klären Sie in der Zieldefinition, wie Sie mit diesem Problem umgehen. Planen Sie zum Beispiel Weiterbildungen für Mitarbeiter mit ein, zeitlich und budgettechnisch.

Das Projektteam wird aber nicht nur durch die erstmalige Zusammenstellung gebildet, sondern vor allem auch durch die Art der Führung des Projektleiters geformt. Diesem wesentlichen Baustein im Projektmanagement widmen wir ein eigenes Kapitel.

Ist-Analyse

In den meisten Projekten ist es notwendig oder zumindest sinnvoll, sich einen genauen Überblick über den Status quo zu verschaffen. Die später zu generierenden Lösungen setzen damit dann wirklich auch auf den Kernproblemen auf, und die Umsetzung wird deutlich beschleunigt. Das Projekt soll keine „Schubladen-Konzepte" liefern, sondern maßgeschneiderte Lösungen.

Die Ist-Situation zu analysieren mag auf den ersten Blick trivial erscheinen. Aber Sie werden staunen, wie viele wichtige Informationen Sie hierdurch erhalten! Gehen Sie auch hier methodisch vor. Es gibt eine Reihe von Instrumenten, mit deren Hilfe Sie den Aufwand in Grenzen halten und einen hohen Nutzen erzielen. Folgende Vorgehensschritte, die nicht notwendigerweise in jedem Projekt zur Anwendung kommen müssen, werden im Folgenden kurz erläutert:

- Erfassung der Rahmenbedingungen
- Evaluation der Erwartungen der Beteiligten/Betroffenen
- Analyse und Beschreibung von Ist-Situation und Schnittstellen
- Stärken-/Schwächenanalyse
- Ursachenanalyse
- Chancen und Risikobewertung

Wir empfehlen, diese Schritte in der oben genannten Reihenfolge abzuarbeiten.

ERFASSUNG DER RAHMENBEDINGUNGEN

In diesem Schritt werden alle Bedingungen zusammengetragen, die nicht oder nicht mehr veränderbar sind. Je nach Projekt können hierzu zählen[3]:

- Relevante Gesetze und Verordnungen,
- Verträge,
- Technologische Grenzen,
- Unternehmensrichtlinien, interne Verfahrensanweisungen und fixierte Prozessbeschreibungen,
- Betriebsvereinbarungen,
- Entscheidungen inhaltlicher, terminlicher oder kostenbezogener Art, die für das Projekt als verbindlich anzusehen sind.

Ein typisches Beispiel für solche fixierten Rahmenbedingungen sind beispielsweise im Unternehmen bestehende IT-Richtlinien, die bestimmte Produkte oder Konfigurationen vorschreiben. In einem Reorganisationsprojekt könnte bereits im Vorfeld definiert werden, dass es zu keiner Einsparung von Mitarbeiterkapazitäten kommen soll, sondern Effizienzgewinne dazu verplant werden, den Wertschöpfungsanteil der Arbeit zu steigern. Mit solchen Regelungen sichert man sich gerade in Projekten, in denen es um Prozessverbesserungen geht, die Unterstützung der Mitarbeitervertretung.

Für die Erfassung der Rahmenbedingungen ist zumeist eine Dokumentenanalyse notwendig. Insbesondere für externe Projektmitarbeiter (z. B. Berater) ist dies notwendig, um sich ein umfassendes Bild über die Rahmenbedingungen zu machen. Überaus hilfreich ist es, wenn im Unternehmen diesbezügliche Informationen in gut geordneter Form elektronisch zur Verfügung stehen (nachvollziehbare Verzeichnisstrukturen auf Datenservern/Zugang zu einschlägigen Datenbanken/Intranet usw.). Zumindest die Ergebnisse der Analyse sollten so aufbereitet werden, dass sie für alle Projektteilnehmer zugänglich und auch in späteren Projektphasen wieder auffindbar sind (Schlagwortregister, Abstracts über Inhalte etc.).

---

[3] Vgl. hierzu auch Schulz-Wimmer, Heinz; „Projekte managen"; Haufe Verlag, Planegg/München 2002

Analyse- und Definitionsphase

EVALUATION DER ERWARTUNGEN DER BETROFFENEN UND BETEILIGTEN

Der viel zitierte Leitsatz „Betroffene zu Beteiligten zu machen" ist auch im Projektmanagement zu beherzigen. Es ist zwar aufwändig, alle Betroffenen nach ihren Erwartungen und Bedenken zu befragen, der Nutzen rechtfertigt diesen Aufwand aber meist.

> **Erwartungen abfragen lohnt sich!**
>
> - Sie sind gezwungen die bisherigen Informationen zum Projekt zu strukturieren, damit sie den Betroffenen vermittelt werden können.
> - Durch die frühzeitige Einbindung lösen Sie Blockaden.
> - Sie finden heraus, ob Betroffene im Rahmen der weiteren Ist-Analyse für vertiefende Erhebungen zur Verfügung zu stehen.
> - Sie verfolgen keine zielführende Minderheiten-Sichtweise, die zunächst zur Zieldefinition bzw. zur Projektinitiierung führt.
> - Widerstände werden frühzeitig erkannt und in der weiteren Planung berücksichtigt.
> - Sie können Ihre Zielgruppen rechtzeitig über das Projekt informieren und es angemessen platzieren; dadurch gewinnen Sie Projektsponsoren; die Bereitschaft zur Beteiligung steigt.

Diese Gruppen kommen für die Evaluation in Betracht:

- Geschäftsführung
- Nutzer/Anwender des Projektergebnisses
- Auftraggeber
- Betroffene Organisationseinheiten
- Gremien in der Organisation
- Mitarbeitervertretung
- Mitarbeiter

- Projektleiter
- Projektteam
- Informelle Meinungsführer

Zur Evaluation der Erwartungen und Befürchtungen eignen sich verschiedene Methoden. Empfehlenswert sind:

- Persönliche, teilstrukturierte Interviews (relativ zeitaufwändig aber sehr gute Möglichkeit, neben der Behandlung der Sachebene auch die Beziehungsebene aufzubauen/auszuweiten)
- Telefoninterviews (eher unpersönlich)
- Schriftliche Befragungen („paper-pencil"-basiert oder web-basiert; gut bei großen Mengengerüsten, ggf. geeignet, um Ergebnisse aus persönlichen Interviews in der Breite zu evaluieren)
- Workshops (aufwändig in der Vorbereitung, nur mit relativ kleinen Gruppen durchführbar; Themen können aber konstruktiv diskutiert werden)

Das Ergebnis der Analyse sollte übersichtlich zusammengefasst werden und kann in einer so genannten Kraftfeldanalyse noch verdichtet werden[4]. Hieraus können Sie auf einen Blick erkennen, welche Strömungen es im Unternehmen gibt. Das Schaubild ist auf vielfältige Weise nutzbar. Da man die Einstellung der Personen und Gruppen kennt, ist beispielsweise eine zielgruppenspezifische Ansprache möglich.

---

[4] Ausführlichere Instrumente und Methodenbeschreibungen zur Analyse der Erwartungen der Projektbetroffenen sind bei Schulz-Wimmer, Heinz; „Projekte managen"; Haufe Verlag, Planegg/München 2002, enthalten.

Analyse- und Definitionsphase 77

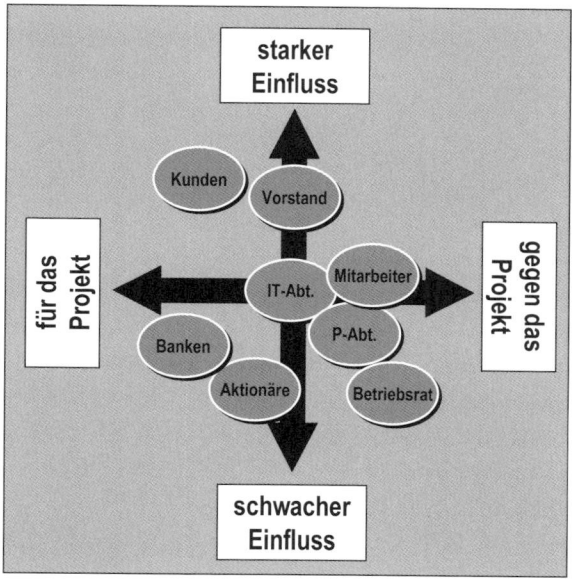

ANALYSE DER IST-SITUATION UND SCHNITTSTELLEN

Um mit dem Projekt wirklich maßgeschneiderte Lösungen entwickeln zu können, müssen Sie sich einen detaillierten Überblick über den Status quo verschaffen.

Die Inhalte sind stark abhängig vom Projektinhalt. Orientieren Sie sich am besten an folgenden Punkten:

- Strategien und deren Operationalisierung (soweit nicht schon unter den Rahmenbedingungen betrachtet):
  - Visionen
  - Ziele
  - Controlling-/Steuerungsmodell
  - Aktionspläne
  - Produkte/Verfahren (Standardisierungsgrad, Typenvielfalt ...)
  - Partnerschaften
  - Finanzen
- Selbstverständnis der betroffenen Organisationseinheiten:
  - Organisationskultur

- Leitmotiv der Organisation
- Rollen im betrachteten Organisationsbereich
- Werte für die Arbeit
- Arbeitsstrukturen:
  - Aufgaben- und Kompetenzverteilung
  - Leistungsabhängigkeiten in der Organisation
  - Ablauforganisation
  - Befugnisse
  - Besonderheiten/bisherige Erfolgsfaktoren
- Eingesetzte Systeme:
  - Ablauforganisation
  - Regelung der Entscheidungsprozesse
  - Steuerungs- und Kontrollmechanismen,
  - Informationsmanagement
  - Infrastruktur (baulich, technisch …)
  - Informationstechnologie
- Arbeitsweisen/Stil der Zusammenarbeit:
  - Führungsstil
  - Umgang der Mitarbeiter untereinander
  - Auftreten der Mitarbeiter gegenüber Dritten
- Personal:
  - Mitarbeiterqualifikation
  - Motivation
  - Leistungsverpflichtung
- Know-how:
  - Kompetenzanspruch
  - besondere Leistungsstärken der Organisation
  - Wissensaustausch/Wissensmanagement

Die obige Aufzählung ist nicht abschließend und in sich nicht immer 100 %ig trennscharf. Betrachten Sie die Liste als Vorschlag und wählen Sie aus, was für Ihr Projekt relevant ist. Analysieren Sie die Ist-Situation aus verschiedenen Perspektiven! Betrachten Sie also nicht nur die Systeme, nur das Personal oder nur die Kosten.

Die Erhebung erfolgt dann über Interviews, schriftliche Befragungen oder Workshops.

Häufige Forderung in Projekten, die Prozessoptimierungen oder Reorganisationen zum Ziel haben, ist es, zunächst die Ist-Prozesse detailliert zu analysieren und zu dokumentieren, um dann die Optimierungspotenziale ableiten zu können. Dies klingt in der Theorie zwar gut, in der Praxis zeigt sich dann häufig, dass sehr viel Kapazität aufgewendet wird, um Prozesse detailliert zu beschreiben, die später dann eh geändert werden. Zudem neigt man bei der Beschreibung häufig dazu, den fehlerfreien Ist-Zustand als den Zustand zu beschreiben, „wie es eigentlich laufen sollte".

Wir plädieren dazu, die Prozessanalyse auf eine Schwachstellenanalyse zu begrenzen. Eine Methodik hierzu ist das ToP-Verfahren („Tableau optimaler Prozess"), das wir im Rahmen der nun folgenden Kapitel zur Stärken-Schwächen-Analyse vorstellen.

STÄRKEN-/SCHWÄCHEN-ANALYSE

Die Ergebnisse aus der Analyse der Status-quo-Erhebung werden auf zwei Fragen hin untersucht:

- Was läuft gut und sollte unbedingt so beibehalten bleiben?
- Wo zeigen sich Schwachstellen („Sand im Getriebe"), was könnte besser laufen?

Neben der qualitativen Auswertung der Ergebnisse der Ist-Situations-Analyse können weitere Methoden zur Schwachstellenanalyse eingesetzt werden. Eine davon ist die Methode „Tableau optimaler Prozess" (ToP).

Die ToP-Methode hat ihren Ursprung in einer Kombination aus der Ishikawa-Methode – auch Fischgrätendiagramm genannt - (siehe Ursachen-Wirkungs-Analyse) und dem Eingabe-Verarbeitung-Ausgabe-Modell der Informatik, das dort zur Prozessstrukturierung genutzt wird.

Alles im Griff mit den richtigen Instrumenten

Strategie / Ziele

☺ **Stärken** ☺	☹ **Schwächen** ☹
„Was läuft gut und sollte so beibehalten bleiben?"	„Was läuft eher schlecht und muss verbessert werden?"
•	•
•	•
•	•
•	•

Selbstverständnis

☺ **Stärken** ☺	☹ **Schwächen** ☹
„Was läuft gut und sollte so beibehalten bleiben?"	„Was läuft eher schlecht und muss verbessert werden?"
•	•
•	•
•	•
•	•

Strukturen

☺ **Stärken** ☺	☹ **Schwächen** ☹
„Was läuft gut und sollte so beibehalten bleiben?"	„Was läuft eher schlecht und muss verbessert werden?"
•	•
•	•
•	•
•	•

Systeme

☺ **Stärken** ☺	☹ **Schwächen** ☹
„Was läuft gut und sollte so beibehalten bleiben?"	„Was läuft eher schlecht und muss verbessert werden?"
•	•
•	•
•	•
•	•

Stil

☺ **Stärken** ☺	☹ **Schwächen** ☹
„Was läuft gut und sollte so beibehalten bleiben?"	„Was läuft eher schlecht und muss verbessert werden?"
•	•
•	•
•	•
•	•

Personal

☺ **Stärken** ☺	☹ **Schwächen** ☹
„Was läuft gut und sollte so beibehalten bleiben?"	„Was läuft eher schlecht und muss verbessert werden?"
•	•
•	•
•	•
•	•

Know-how

☺ **Stärken** ☺	☹ **Schwächen** ☹
„Was läuft gut und sollte so beibehalten bleiben?"	„Was läuft eher schlecht und muss verbessert werden?"
•	•
•	•
•	•
•	•

Analyse- und Definitionsphase

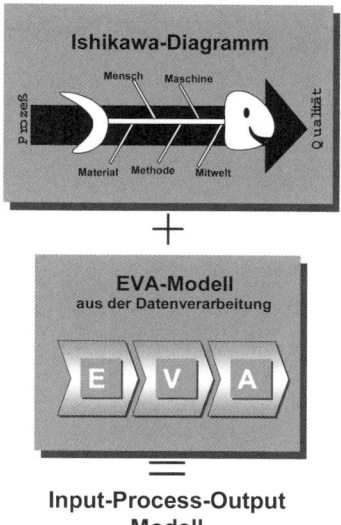

Die Kombination beider Methoden liefert ein Modell zur Prozessbeschreibung, indem die 6 W-Fragen des Ishikawadiagramms mit den Prozessphasen „Input", „Process", „Output" verknüpft werden. So entsteht eine Matrix mit 18 Fragen, die einen Prozess beschreiben.

	Input	Process	Output
Was? Material	Was bekomme ich?	Was wird bearbeitet?	Was gebe ich weiter?
Wer? Mensch	Von wem bekomme ich es?	Wer bearbeitet?	An wen gebe ich es weiter?
Wie? Methode	In welcher Form bekomme ich es?	Auf welche Weise wird es bearbeitet?	In welcher Form gebe ich es weiter?
Womit? Maschine	Auf welchem Weg bekomme ich es?	Mit welchen Mitteln wird es bearbeitet?	Auf welchem Weg gebe ich es weiter?
Warum? Motivation	Warum bekomme ich es?	Warum wird es bearbeitet?	Warum gebe ich es weiter?
Wann? Moment	Wann bekomme ich es?	Wann wird es bearbeitet?	Wann gebe ich es weiter?

Diese Methode ist hervorragend geeignet, um Schnittstellen von Prozessen sehr detailliert herauszuarbeiten. Die eigentliche Beschreibung des konkreten Prozesses verbirgt sich allerdings hinter nur einer Frage, dem „Wie?" im Feld „Process". Wie bereits im Kapitel „Beschreibung der Ist-Situation" angemerkt, lohnt es sich in den seltensten Fällen zu verändernde Prozesse allzu detailliert zu beschreiben. Das Ergebnis der Arbeit veraltet nämlich mit der Optimierung des Prozesses.

Sie sollten also lediglich die Schwachstellen des Prozesses genau herausarbeiten. Die ToP-Methode dreht dafür das Vorgehen des Input-Process-Output-Modells um: Zunächst steht der Grundgedanke im Vordergrund: „Was muss ein Prozess erfüllen, damit er in keinem Fragefeld des Input-Process-Output-Modells eine Schwachstelle hat?" Gesucht ist also der „Optimale Prozess". Dieser wird in allgemeiner Form beschrieben. Sollte dieses Vorhaben gelingen, kann die Schwachstellenanalyse eines realen Prozesses erfolgen, indem dieser Prozess mit dem idealen Prozess verglichen wird.

Wie muss also ein Prozess beschaffen sein, damit keine Schwachstellen auftreten? Nehmen wir uns das Modell und ein paar W-Fragen vor, um es herauszufinden.

1. Welche Bedingungen muss ein Prozess erfüllen, damit sich bei der Beantwortung der Frage „WAS?" im Feld „INPUT" keine Schwachstellen auftun?

- Mir sollte die Entstehung und der Auslöser des Inputs bekannt sein.
- Der Inhalt des Inputs sollte für mich verständlich sein.
- Ich muss überprüfen können, ob der Input vollständig ist.
- Ich muss wissen, ob der Input aktuell ist.
- ...

2. Welche Bedingungen muss ein Prozess erfüllen, damit sich bei der Frage „WARUM?" im Feld „PROCESS" keine Schwachstellen auftun?

- Mir muss die Notwendigkeit der einzelnen Arbeitsschritte bekannt sein.
- Ich sollte die sinnvollste (effizienteste und effektivste) Arbeitsweise kennen und wählen.
- Ich sollte wissen, warum dies die sinnvollste Arbeitsweise ist.
- Ich sollte die Verwendung des Arbeitsergebnisses kennen.
- ...

3. Welche Bedingungen muss ein Prozess erfüllen, damit sich bei der Frage „WIE?" im Feld „OUTPUT" keine Schwachstellen auftun?

- Ich habe mit dem Empfänger vereinbart, auf wessen Initiative hin geliefert wird (Hol- oder Bringschuld)
- Ich habe vereinbart, in welcher Regelmäßigkeit das Ergebnis zur Verfügung steht
- ...

Wenn Sie alle Fragestellungen des Tableaus abarbeiten, entsteht das gesamte „Tableau optimaler Prozess", kurz: ToP[5] (s. S. 84).

Zu den analysierten Prozessen werden dann in jedem Feld der 6 × 3-Matrix die Schwachstellen gesammelt. Werden mehrere Prozesse nach dieser Methode analysiert, sollten nach Abschluss alle gefundenen Schwachstellen nicht nur nach den Prozessen, sondern auch nach den einzelnen Feldern der Matrix gegliedert werden. So lassen sich prozessübergreifende Schwachstellen aufdecken, beispielsweise mangelhafte Rahmenbedingungen.

URSACHEN-ANALYSE

Um die Ursachen für Schwachstellen zu beseitigen, müssen Sie erst einmal wissen, worin die Schwächen begründet liegen. Zeigen sich vergleichbare Schwächen in verschiedenen Prozessen, liegt die Vermutung nahe, dass die Rahmenbedingungen nicht optimal gestaltet sind.

Welche Ursachen zu welchen Wirkungen führen, lässt sich mithilfe des Ursachen-Wirkungs-Diagramms, auch als Ishikawa- oder Fischgrätendiagramm bekannt, analysieren. Diese Methode wird bereits bei der Prozessanalyse benutzt und ist Bestandteil des zuvor vorgestellten ToP-Modells.

---

[5] Eine detaillierte Erörterung des ToP-Verfahrens inklusive einiger Beispiele findet sich in: Hölzle, Philipp; „Prozessorientierte Personalarbeit"; Peter Lang Verlag, Frankfurt 1999

ToP-Modell

Tableau "optimaler Prozeß"

Der Prozeß ist in den Abschnitten Input / Process / Output in den Kernfragen unproblematisch, wenn:

	INPUT	PROCESS	OUTPUT
Was?	... mir die Entstehung und der Auslöser des Inputs bekannt sind. ... mir der Inhalt verständlich ist. ... die Verbindlichkeit vereinbart ist. ... die Vollständigkeit durch mich beurteilbar ist. ... mir die Aktualität bekannt ist.	... definiert ist, welche Teile des Bearbeitungsumfangs ich erstelle (Abschnitt in der Prozeßkette). ... definiert ist, welche Arbeitsschritte zur Erreichung des Outputs nötig sind. ... die verwendeten Inputs und der zu erstellende Output dokumentiert sind. ... die Inputs auf Plausibilität und Reihenfolge überprüft sind.	... der Output in Inhalt und Darstellung mit dem Empfänger vereinbart ist.
Wer?	... mir der Lieferant bekannt ist (und ein Stellvertreter). ... der Lieferant weiß, daß ich sein Kunde bin.	... die Verantwortung für den Output klar definiert ist. ... Mein Wissen um den Prozeß auch anderen bekannt ist und ein Stellvertreter den Prozeß ebenfalls ausführen kann.	... mir bekannt ist, wer den Output benötigt. ... dem Kunden ein Ansprechpartner für den Prozeß bekannt ist.
Wie?	... mir bekannt ist, was ich zu tun habe, um den Input zu bekommen. ... ich mit dem Lieferanten vereinbart habe, daß dies der richtige Weg ist, an den Input zu kommen.	... die einzelnen Arbeitsschritte dokumentiert sind (Prozeßdokumentation). ... mir die Abhängigkeiten der einzelnen Arbeitsschritte bekannt sind und diese Dokumentiert wurden.	... ich mit dem Kunden vereinbart habe, auf wessen Initiative und in welcher Regelmäßigkeit geliefert wird.
Womit?	... ich mit dem Lieferanten vereinbart habe, welche Medien wir nutzen. ... die vereinbarten Medien für den Empfänger und für mich unproblematisch handhabbar/zugreifbar sind.	... die benötigten Systeme und Hilfsmittel schriftlich dokumentiert, bekannt und verfügbar sind.	... ich das Medium mit dem Kunden vereinbart habe und es für ihn verfügbar ist.
Warum?	... dem Lieferanten und mir der Verwendungszweck der Information bekannt ist. ... dem Lieferant die Bedeutung seiner Information bekannt ist.	... mir die Notwendigkeit der einzelnen Arbeitsschritte bekannt ist. ... ich die sinnvollste Arbeitsweise wählt. ... ich weiß, warum meine Arbeitsweise die sinnvollste ist.	... dem Kunden und mir die Verwendung und der Nutzen des Outputs bekannt sind.
Wann?	... mit dem Lieferant vereinbart ist, zu welchem Termin die Information benötigt wird.	... mir der Zeitaufwand für die Bearbeitung bekannt ist. ... mir bekannt ist, wann die Startvoraussetzungen erfüllt sind.	... ich mit dem Kunden vereinbart habe, zu welchem Zeitpunkt geliefert wird.

Analyse- und Definitionsphase

Im Diagramm werden die wichtigsten Einflussfaktoren, die auf einen Prozess wirken, in übersichtlicher Form dargestellt. Das erleichtert die Suche nach Fehlern.

Die Deutsche Gesellschaft für Qualitätsmanagement (DGQ) empfiehlt den fünf Grundlagen einer Leistungserstellung nachzuspüren; diese werden als „die 5 M" bezeichnet: Mensch, Material, Maschine, Methode, Mitwelt[6].

Häufig wird das 5-M-Modell kombiniert mit der 7-S-Methode, die durch Tom Peters und Robert Waterman entwickelt wurde[7].

Das 7-S Modell basiert auf der Erkenntnis, dass ein Prozess oder auch ein gesamtes Unternehmen mehr ist als nur eine Struktur. Vielmehr wird ein Unternehmen durch sieben Elemente charakterisiert.

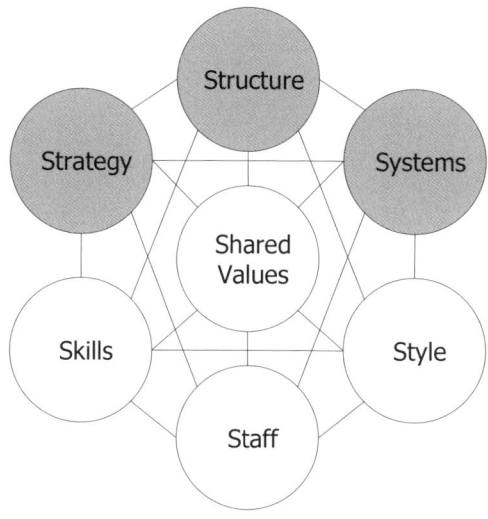

---

[6] Vgl. auch DGQ; „SPC 1 - Statistische Prozesslenkung"; DGQ-Schrift Nr. 16-31; Beuth Verlag, Berlin 1990

[7] Oft auch als „McKinsey 7-S" bezeichnet, da die beiden Entwickler damals Berater bei McK waren. Weitere Beschreibungen in: Peters, Thomas J.; Waterman, Thomas J.; „Auf der Suche nach Spitzenleistungen. Was man von den bestgeführten US-Unternehmen lernen kann"; MVG, Landsberg 2000

Die sieben Elemente werden in harte und weiche S' unterschieden. Die harten Elemente (graue Kreise) sind i. d. R. „greifbar" und im Unternehmen konkret dargelegt in Form von Strategiepapieren, Plänen, Unternehmensdarstellungen, Dokumentationen zur Aufbau- und Ablauforganisation etc. Die vier weichen S (weiße Kreise) sind dagegen kaum materiell greifbar und auch schwerer zu beschreiben. Fähigkeiten, Werte, Kulturen und dgl. entwickeln sich in einem Unternehmen ständig fort. Sie können nur eingeschränkt geplant und beeinflusst werden, da sie stark von den handelnden Personen geprägt sind. Obwohl diese weichen Faktoren eher im Verborgenen liegen, können sie großen Einfluss auf die „harten" Strukturen, Strategien und Systeme haben.

Die Faktoren des 7-S-Modells

Die „harten" S'	
Strategy – Strategie	Die Strategie des Unternehmens; alle Maßnahmen, die das Unternehmen in Erwartung von oder in Reaktion auf Veränderungen in seiner Umwelt plant.
Structure – Struktur	Die Basis für Spezialisierung, Koordination und Kooperation einzelner Unternehmensbereiche; sie wird wesentlich von der Strategie, der Unternehmensgröße und der Vielfalt der erbrachten Produkte/Leistungen bestimmt.
Systems - Systeme	Formelle und informelle Prozesse zur Umsetzung der Strategie in den gegebenen Strukturen.
Die „weichen" S'	
Style/Culture – Unternehmenskultur	Die Kultur des Unternehmens; sie besteht aus zwei Komponenten:
	Die Kultur der Organisation – die dominanten Werte und Normen, die sich im Laufe der Zeit entwickeln und zu sehr stabilen Elementen im Unternehmen werden können.
	Die Managementkultur bzw. der Führungsstil. Wie handelt das Management; womit verbringen die Manager ihre Zeit; worauf konzentrieren sie ihre Energie?

Analyse- und Definitionsphase

Staff – die Menschen	Die Ausgestaltung des Personalwesens bzw. der HR-Aktivitäten – Personalentwicklungsprozesse, Sozialisierungsprozesse, Wertegestaltung beim Managementnachwuchs, Einbindung von neuen Mitarbeitern in das Unternehmen, Aufstiegsmöglichkeiten, Mentoring- und Feedbacksysteme
Skills – Fähigkeiten	Die charakteristischen Fähigkeiten; das, was das Unternehmen am besten kann und tut; Maßnahmen zur Ausdehnung und Entwicklung solcher wesentlichen Fähigkeiten und Kompetenzen.
Shared Values, auch Superordinate Goals – die Vision	Die grundlegenden Ideen, auf denen das Unternehmen basiert, die Vision des Unternehmens – für das Unternehmen von großer Innen- und Außenwirkung, i. d. R. mit einfachen Worten auf einem abstrakten Niveau formuliert.

Effektiv arbeitende Organisationen weisen eine ausgeglichene Balance zwischen diesen sieben Elementen auf. Jede Veränderung eines Elementes hat Auswirkungen auf alle anderen Elemente. Verändern sich zum Beispiel Bestandteile des HR-Systems wie interne Karriereplanung und Aufstiegsfortbildung, so verändern sich auch die Unternehmenskultur, der Führungsstil, die Strukturen und Prozesse sowie die charakteristischen Fähigkeiten des Unternehmens.

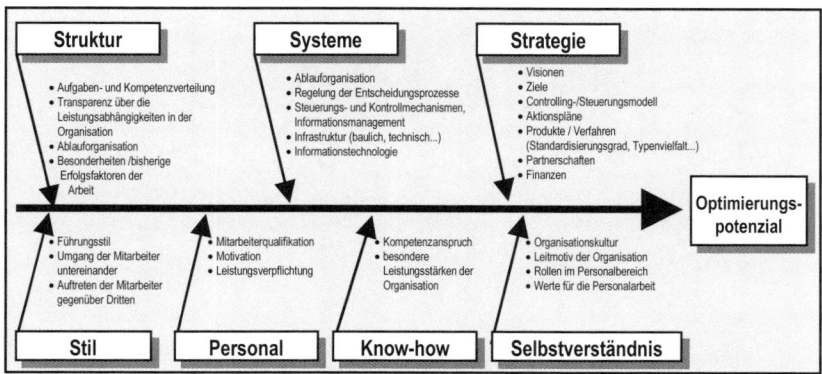

Bei der Ursachenanalyse müssen Sie also alle Aspekte im Auge behalten, damit Prozesse ganzheitlich in ihrer Komplexität erfasst werden können.

CHANCEN UND RISIKOBEWERTUNG

Die Ist-Analyse sollte damit abschließen, die mit dem Projekt verbundenen Chancen und Risiken übersichtlich darzustellen. Diese Zusammenfassung der Analyse ist zum einen Eingangsvoraussetzung für die Überarbeitung und Konkretisierung der Zieldefinition, zum anderen macht es allen Projektbeteiligten, insbesondere auch den Auftraggebern nochmals transparent, welchen Stellenwert das Projekt besitzt oder besitzen sollte.

Je nach Projekttyp reicht es aus, eine übersichtliche Darstellung der gewonnenen Erkenntnisse zu erzeugen oder aber die erkannten Risiken und Probleme nochmals sehr differenziert zu bewerten. Für erstere Variante bietet sich die SWOT-Darstellung[8] an. Hier werden die Chancen und Risiken zusammen mit den bestehenden Stärken und Schwächen übersichtlich präsentiert.

Status quo	Strengths	Weaknesses
Potenzial	Opportunities	Threats

---

[8] SWOT: **S**trengths (Stärken), **W**eaknesses (Schwächen), **O**pportunities (Chancen) und **T**hreats (Risiken)

Zur differenzierteren Bewertung der Risiken bietet sich entweder die im Kapitel Initiierungsphase vorgestellte Risikoanalyse an oder aber die FMEA, die Fehlermöglichkeits- und Einflussanalyse. Mit dieser Methode werden Fehler sowie deren Folgen, die bei der Prozessgestaltung auftreten können, bewertet. Alle potenziellen Fehler (ermittelt z. B. über 5-M bzw. 7-S) eines Prozesses werden bei der FMEA aufgelistet und nach drei Kategorien bewertet:

- A: **A**uftrittswahrscheinlichkeit
- B: **B**edeutung der Folgen
- E: **E**ntdeckungswahrscheinlichkeit

Jedes Kriterium wird für jeden potenziellen Fehler mit einer Zahl zwischen 1 und 10 bewertet und die Multiplikation der drei Bewertungen liefert die Risikoprioritätszahl RPZ. Die RPZ (mit Wert zwischen 1 und 1.000) gibt dann Hinweise darauf, welche Fehler/Risiken es vorrangig zu vermeiden gilt. In der Darstellung der Projektrisiken können dann Cluster gebildet werden, etwa: Risiken mit RPZ von 1-100, mit 101-300, 301-500 und >500.

Überarbeitung/Konkretisierung der Zieldefinition

Nachdem die Ist-Analyse abgeschlossen ist, überarbeiten Sie die Zieldefinition. Die Rahmenbedingungen sind nun erhoben, verschiedene Problembereiche näher beschrieben, die Erwartungen der Betroffenen analysiert und die Faktoren, welche das Ergebnis und die Projektinhalte beeinflussen, bewertet.

Vor dem Hintergrund dieser Details kann das Ziel bereits deutlich konkreter formuliert werden. Indem die richtigen Zielgrößen gesetzt wurden, konnte eine hohe Bedarfsorientierung für das Projekt vorgegeben werden. Die Anforderungen an „gute" Ziele sind die gleichen wie in der Initiierungsphase, nur dass nun deutlich mehr Informationen vorliegen, um im Zieldefinitionsblatt konkreter zu werden. Dieses sollte nach Abschluss der Ist-Analyse also wieder hervorgeholt und bei Bedarf in Absprache zwischen Auftraggeber und Projektleitung angepasst werden. Änderungen, die sich dabei ergeben, werden im Projektauftrag festgehalten.

DAS LASTENHEFT

Gegebenenfalls wird das relativ einfach gestaltete Projektzielblatt zu einem so genannten „Lastenheft" ergänzt. Die vollständige Beschreibung der Projektziele kann durch die Fülle der Informationen aus der Ist-Analyse so umfangreich werden, dass deren Beschreibung mit allen Facetten ein recht umfangreiches Dokument ergibt. Dieses wird als „Lastenheft" bezeichnet, es beschreibt sozusagen die „Last", die auf dem Projekt ruht.

Übrigens ist nicht jedem Beteiligten nach der detaillierten Ist-Analyse schon klar, dass sich die Ziele den Ergebnissen entsprechend verändert haben. Halten Sie diese Veränderungen schriftlich fest und kommunizieren Sie sie!

Der überarbeitete Zielkatalog ist dann Input für einen ganz wesentlichen Projektschritt: die Grobplanung durch den Projektstrukturplan.

Grobplanung/Projektstrukturplan

Die Grobplanung stellt den Einstieg in die Planungsphase dar. Der überarbeitete Projektauftrag mit detaillierter Zielbeschreibung definiert, was durch das Projekt zu erreichen ist. Das Projektteam steht nun vor der Herausforderung zu definieren, welche konkreten Aufgaben angegangen werden müssen, damit die Zielerreichung ermöglicht wird. Im Rahmen der weiteren Planung gilt es verschiedene Planungsfragen zu beantworten. Mit dem Ziel ist die Frage nach dem „Was?" bereits grob beantwortet, mit der folgenden Frage „Welche?" soll detailliert in die Sammlung aller Aufgaben eingestiegen werden, die es zu erledigen gilt.

Diese Aufgabensammlung wird in der hier vorgestellten Gliederungssystematik noch der Analyse- und Definitionsphase zugeschrieben. In die Planungsphase steigt man erst dann ein, wenn auch Zeiten und Kapazitäten zu planen sind.

Planungsfragen und mögliche Instrumente zur Bearbeitung

Frage	Was muss geleistet werden?	Instrumente/ Methoden	Projektphase
Was?	Berücksichtigung der Projektziele	- Projektauftrag - Lastenheft	Initiierungs- und Definitionsphase
Welche?	Aufgabenzerlegung	- Projektstrukturplan	Definitionsphase
Wer?	Aufgabenzuteilung	- Projektstrukturplan - VABI-Matrix - Aktionsplan - Aktivitätenliste	Definitionsphase und Planungsphase
Womit?	Ressourcenplanung	- Projektstrukturplan - VABI-Matrix - Investitionsplan - Budgetplan	Planungsphase
Wann?	Terminplanung	- Phasenplan - Balkenplan - Netzplan - Aktionsplan	Planungsphase

Nachdem die Frage „Was?" aus der Tabelle bereits beantwortet ist, gehen wir nun die Aufgabenzerlegung an. Dieser Schritt erfolgt im Rahmen der Grobplanung durch den Projektstrukturplan. Wie die Tabelle zeigt, ist dieser auch wichtiges Instrument für die sich anschließenden Planungen in der eigentlichen Projektplanungsphase.

Bevor in die detaillierte Planungsphase eingestiegen wird, soll das Projekt ganzheitlich betrachtet werden, um die Aufgabenstruktur transparenter zu machen. Der Projektstrukturplan stellt dafür ein unverzichtbares Orientierungsraster dar.

Wie im ersten Kapitel zur Projektdefinition festgehalten, handelt es sich bei Projekten immer um komplexe Aufgaben, die durch übergreifende Teams bearbeitet werden. Im Extremfall könnte dies heißen, dass zur Bearbeitung aller Aufgaben alle Teammitglieder benötigt werden. In der Regel sollte man das Projekt so in einzelne Aspekte zerlegen, dass delegierbare Aufgabenpakete entstehen.

> **Die zwei Kernfragen bei der Aufgabenzerlegung:**
> - Wie können Anzahl und Komplexität von Schnittstellen minimiert werden?
> - Welche Aufgaben müssen „in einer Hand" bleiben?

Das Gesamtprojekt wird also in Einzelteile gesplittet. Ziel ist eine hierarchische Struktur von Einzelaufgaben. Wie viele Ebenen dabei gebildet werden, ist abhängig von der Komplexität des Gesamtprojektes, in der Praxis haben sich Projektstrukturpläne (PSP) mit drei bis vier Ebenen bewährt. Auf jeden Fall sollte der PSP so fein herunter gebrochen werden, dass als unterste Ebene Arbeitspakete entstehen.

WAS IST EIN ARBEITSPAKET?

Ein Arbeitspaket ist eine Aufgabe, die so klar abgegrenzt ist, dass sie in einer organisatorischen Einheit (Abteilung, Team, Mitarbeiter, externe Stelle) erledigt werden kann. Zu jedem Arbeitspaket sind folgende Größen definierbar:

- Verantwortlicher für die Bearbeitung
- Genaue inhaltliche Beschreibung
- Zeitaufwand zur Erarbeitung
- Kosten für die Erarbeitung

Bei einer vierstufigen Hierarchie haben sich als Bezeichnung der Ebenen folgende Begriffe durchgesetzt: Projekt, Teilprojekt, Hauptarbeitspaket und Arbeitspaket.

Bei der Erstellung des Projektstrukturplans gilt für jede einzelne dieser Ebenen folgender Grundsatz:

Grundsatz zur Erstellung des PSP

„Immer erst in die Breite"

Bei Befolgung dieses Grundsatzes beachte man auch den Grundsatz zur Lösung von komplexen Problemen:

"Vom Groben zum Detail"

Bei der Aufstellung des PSP in verschiedenen Ebenen sollten Sie diese anschließend durchnummerieren. Die so entstehende Systematik hilft in der späteren Verfeinerung der Planung bei der Zuordnung, kann aber auch ganz anderen Nutzen haben, so ist es z. B. sinnvoll, diese Gliederungsnummern auch in der Dateiablage zu nutzen. Der Name einer Datei, die Informationen zum Arbeitspaket 1214 enthält, sollte mit diesen Ziffern beginnen, so ist jederzeit eine schnelle Zuordnung möglich.

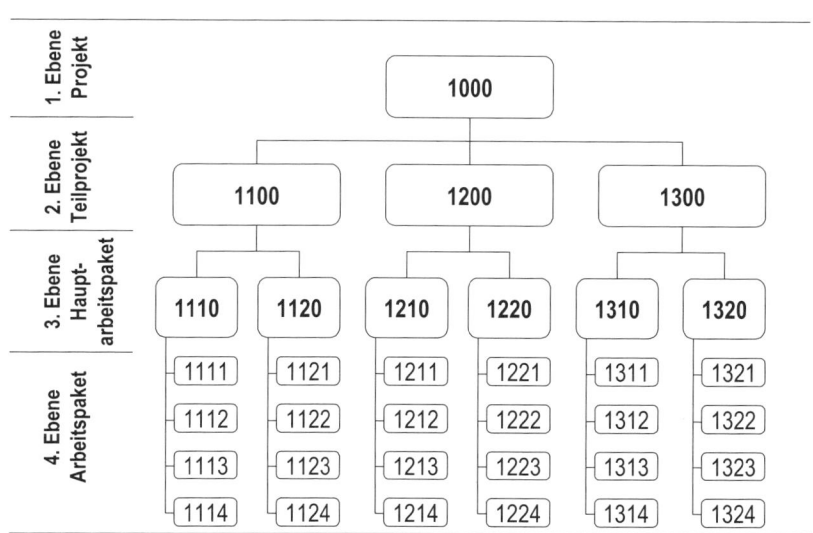

Wie entsteht ein gegliederter Projektstrukturplan?

Grundsätzlich handelt es sich hier um eine sehr kreative Aufgabe, die zunächst gar nicht zu formalistisch betrieben werden sollte. Es geht darum möglichst alle Aspekte zu berücksichtigen, die für das Projekt wichtig sind. Dies kann nur in seltensten Fällen eine Person, also etwa der Projektleiter, alleine bewältigen. Die Erarbeitung eines „ersten Wurfs" ist Teamaufgabe, hier ist das kreative Potenzial von möglichst vielen Köpfen gefragt. Erst in Überarbeitungsschritten kommen dann eher analytische Werkzeuge zur weiteren Optimierung zum Einsatz.

Um den kreativen Prozess der Erstellung zu strukturieren, bieten sich moderierte Brainstorming-Sitzungen mit den bereits beteiligten Projektmitgliedern an. Vor allem der Einsatz der Mind-Mapping[9]-Methode ist sehr zu empfehlen, da durch diese gleich eine hierarchische Struktur geschaffen wird und damit dann die Überführung in die Baumstruktur des PSP stark vereinfacht wird.

Wie funktioniert ein Brainstorming?

Grundgedanke:	– Viele Einfälle sammeln
	– Ausschaltung denkpsychologischer Blockaden
	– Vermeidung unnötiger Diskussionen
Teilnehmer:	5 bis 12
Regeln für die Teilnehmer:	– Keine Kritik
	– Ideen anderer Teilnehmer können aufgegriffen und weiterentwickelt werden
	– „Spinnen" ist erwünscht
	– Möglichst viele Ideen in kurzer Zeit äußern
	– Erst sammeln, dann ordnen
Regeln für den Moderator:	– Überwachung der Regeleinhaltung
	– Teilnehmer aktivieren, Fragen stellen
	– Ideen nicht beurteilen, aber dokumentieren

Nach dem „ersten Wurf" durch Brainstorming und ggf. dem Anwenden der Mind-Mapping-Methode folgt eine eher analytische Überprü-

---

[9] Zur intensiveren Beschäftigung mit der Mind-Mapping-Methode empfehlen wir: Kommer, Reinke; „Mind Mapping am PC für Präsentationen, Vorträge, Selbstmanagement; Hanser Verlag, München, Wien 1999

fung des PSP auf Vollständigkeit. Doch gleich vorweg: Eine Methodik, die mit Sicherheit überprüft, ob der Strukturplan alle für das Projekt notwendigen Elemente enthält, gibt es leider nicht. Folgende Punkte (Seite 96) können aber helfen, zu einem vollständigen PSP zu kommen.

Ist Ihr Projektstrukturplan vollständig?

- Gleichen Sie die obere Ebene mit den Zielen des Projektes ab. Sind alle Hauptaspekte abgebildet?
- Nehmen Sie sich Zeit, jedes „Teilprojekt" detailliert zu diskutieren, und erzeugen Sie ein eigenes Mind Map dazu.
- Haben Sie an „ungewöhnliche Aufgaben" gedacht wie Genehmigungen, rechtliche Prüfungen, Patente, Lizenzen und Ähnliches? Für diesen Schritt ist es sehr hilfreich, wenn man Zugriff auf Erfahrungsberichte aus anderen Projekten hat. Liegen diese nicht vor, sollten Sie zumindest im Zuge der aktuellen Projektarbeit eine „lessons learned"-Datenbank für künftige Projekte aufbauen.
- Bei der Übertragung der Mind Maps in die Baumstruktur des PSP ist darauf zu achten, ob vergleichbare Aggregationsstufen und -kriterien gewählt wurden. Sind diese in den einzelnen Teilprojekten sehr unterschiedlich, kann dies ein Hinweis darauf sein, dass vielleicht wesentliche Dinge vergessen wurden!
- Haben Sie die administrativen Aufgaben im PSP erfasst? (Roland Meier hat sie in seinem Mind Map vergessen. Weder das Projektmanagement im engeren Sinne noch das Projektmarketing tauchen im Mind Map auf!)
- Visualisieren Sie den PSP so, dass ihn jeder sehen kann! Es bietet sich eine Pinnwand im Projektbüro oder ein elektronisches Verzeichnis an, auf das viele Zugriff haben.
- Fordern Sie Ihre Kollegen auf, sich den PSP anzuschauen und Anregungen/Ergänzungen zu melden!

Alles im Griff mit den richtigen Instrumenten

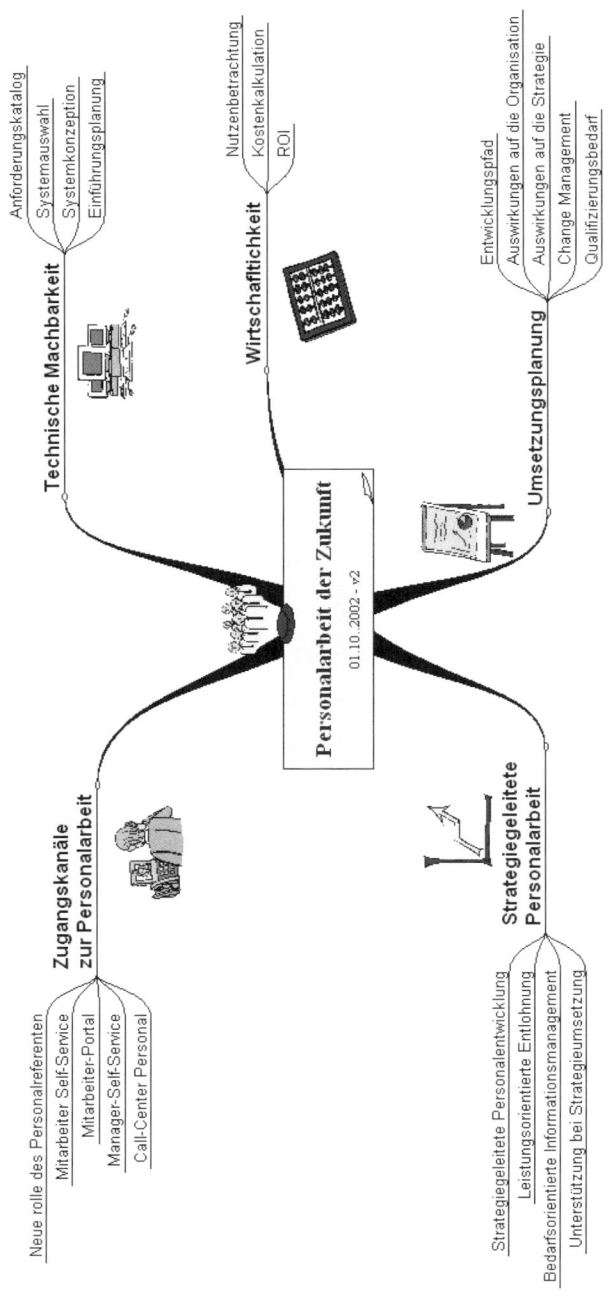

Bei allen Vorteilen, die der Projektstrukturplan bietet, sollte nicht verschwiegen werden, dass er auch einige gravierende Nachteile hat. Auch wenn der PSP mit viel Kreativität erzeugt wird, handelt es sich letztendlich nur um eine eindimensionale Darstellung der zu erledigenden Arbeitspakete. Über die Komplexität oder gar Dynamik, die ein Projekt hat oder entwickeln kann, trifft er keine Aussage. Weder die Abhängigkeiten der Arbeitspakete untereinander noch deren zeitliche Abfolge werden im PSP abgebildet.

Bevor wir in die vertiefende Planung einsteigen, wollen wir uns noch mit einer wichtigen Aufgabe der Definitionsphase beschäftigen: der Dokumentation. Mittlerweile sind im Projekt schon viele Ergebnisse zusammengetragen worden und ggf. gibt es auch schon erste Veränderungen an der ursprünglichen Zielsetzung. Damit dies nicht in der Planungshektik verlorengeht, müssen alle Schritte im Projekt ordentlich dokumentiert werden.

Berichtswesen

Sie und alle weiteren Beteiligten müssen sich problemlos über den aktuellen Stand des Projektes informieren können. Außerdem sollten spätere „Projektmanagement-Generationen" im Unternehmen nachlesen können, wie bestimmte Probleme angegangen wurden. Aus diesen Gründen ist ein Berichtswesen nötig. Es sollte nicht zu detailliert und „ausgefeilt" gestaltet werden. Wichtig ist, dass es transparent ist und wesentliche Ergebnisse festhält.

Die Erstellung von Berichten ist Aufgabe der Projektleitung und der Steuerungsgremien. Das Berichtswesen sollte Folgendes umfassen:

- Statusreports (Wo steht das Projekt, welche Fortschritte/Probleme gibt es?)
- Dokumentation von (Zwischen-)Ergebnissen
- Dokumentation von Veränderungen (geänderte Inhalte, Zielsetzungen, Budgets, Zeiten …)

STATUSREPORTS

Der Auftraggeber oder andere definierte Steuerungsgremien, wie etwa ein Lenkungsausschuss oder aber ein Programmmanagement (s. Abschnitt „Wie Sie gleichzeitig mehrere Projekte steuern") werden in regelmäßigen Abständen einen Überblick über den aktuellen Stand des Projektes verlangen. In Großprojekten ist auch der Projektleiter darauf angewiesen aus den einzelnen Teilprojekten regelmäßig in komprimierter Form über den aktuellen Status informiert zu werden. Welcher Zeitraum sinnvoll ist, wie also „regelmäßig" mit Leben gefüllt wird, ist dabei abhängig von der Projektgröße und Laufzeit. In sehr übersichtlichen Projekten (kleines Team, kurze Laufzeit) wird man kein besonders formales Status-Berichtswesen aufbauen müssen. In Großprojekten mit langer Laufzeit hingegen kann es sinnvoll sein, Wochen-, Monats- und Quartalsberichte zu erstellen.

Am folgenden Beispiel eines Wochenberichtes des Projektes von Roland Meier werden typische Berichtsfelder für regelmäßige Status-Reports gezeigt:

Projekt „Personalarbeit der Zukunft"

Projekt-Status

(Teil-)Projekt	Personalarbeit der Zukunft		grün	gelb	rot
Arbeitspaket	Analyse- und Planung	Status Zeit:			x
Status vom	30.09.2002	Status Inhalte / Qualität:		x	
Betrachteter Zeitraum	23.09 - 29.09.2002	Status Budget / Ressourcen			x

1 Arbeitspakete der betrachteten Woche

Zu erbringende Ergebnisse[1]	Verantwortlich	Soll-Abarbeitung [%]	Ist-Aufwand [PT]	Rest-Aufwand [PT]	Anmerkungen
Entwicklung Projektstandards und Templates, Erstellung Gliederung für Ergebnisdokument	RM	100	2	0	
Klärung mit IT-Bereich über Art und Umfang der inhaltlichen Einbindung	RM	100	2	1	Change Request (Nr. 1) liegt vor
Erstellung Flyer über das Projektvorhaben	CG	30	10	7	
Entwicklung Interviewleitfaden für P-Mitarbeiter	PH	100	5	3	Aufwändiger als vermutet

Wenn Arbeitspakete in der betrachteten Woche nicht vollständig abgearbeitet werden können, ist der voraussichtliche Abarbeitungsgrad innerhalb der Woche in % anzugeben. Die Aktivitäten sind entsprechend der Planung der Teilprojekte (MS Project) zu entnehmen.

Analyse- und Definitionsphase 99

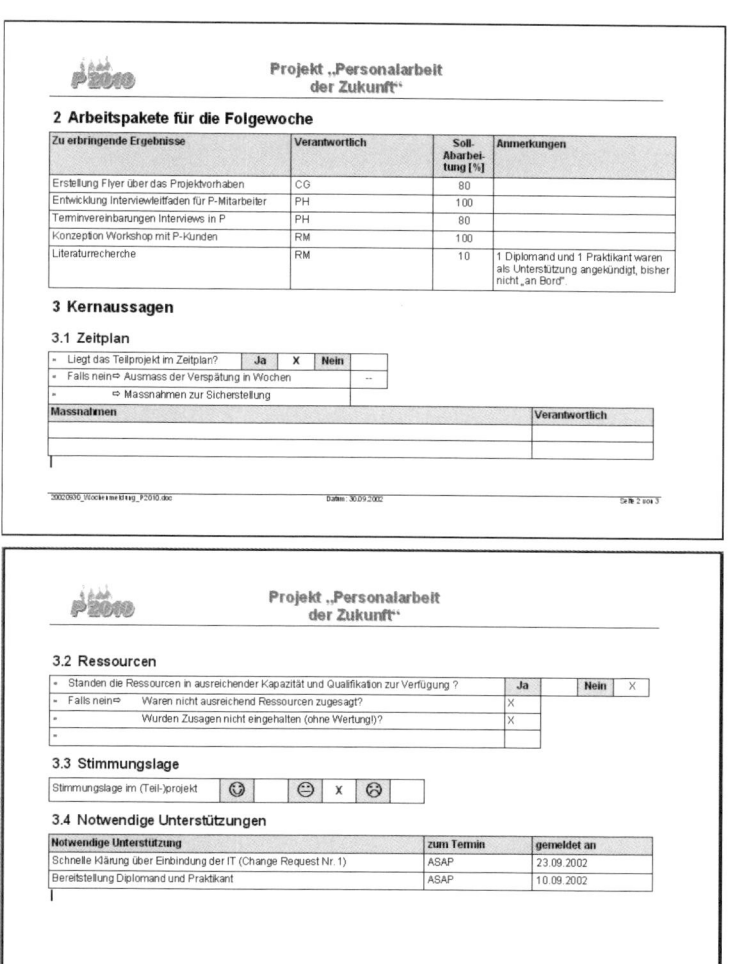

Sven Bolle hat im Projektauftrag unterschrieben, auch einen Monatsbericht für die Führungskräfterunde des Personalbereiches zur Verfügung zu stellen. Hier sind weniger operative Details des Projektes gefragt als vielmehr ein kurzer, prägnanter Überblick, der ggf. auch an andere Stellen weitergeleitet werden kann.

Auf der beiliegenden CD findet sich ein Beispiel für einen monatlichen Statusreport mit den hier kurz skizzierten Inhalten.

DAS GEHÖRT IN DEN MONATLICHEN STATUSBERICHT

Management Summary
Zusammenfassung der wesentlichsten Aspekte

Projektstand
Zum Beispiel: Stand der in Arbeit befindlichen Arbeitspakete (für einen Außenstehenden verständlich dargestellt); erreichte Meilensteine, fertig gestellte Liefergegenstände etc.; Kundenbeziehung; sonstige wichtige Aspekte

Abweichungen vom Projektplan
Zeitliche Veränderungen oder Verschiebungen in der Bearbeitungsreihenfolge

Organisatorische Aspekte, die besonderer Aufmerksamkeit bedürfen
Zum Beispiel Projektteam, Infrastruktur

Kurzdarstellung bestehender oder zu erwartender Probleme
Problemdarstellung inkl. Lösungsvorschlag, gewählte Lösung

Liste vorgeschlagener bzw. bearbeiteter Change Requests
Im Sinne von Auftragsänderungen

Durchgeführte korrektive Maßnahmen
Korrektur- und Vorbeugungsmaßnahmen

Nächste geplante Aktionen und Ereignisse
Kurzer Überblick über den kommenden/laufenden Monat

Zusammenfassung der Meilensteinplanung
Komprimierter Überblick über die weitere Planung

Risikoanalyse
Übersicht über evtl. zu erwartende Risiken, deren Klassifizierung und ggf. geplante Maßnahmen

Dokumentation von (Zwischen-)Ergebnissen und Veränderungen

Die Dokumentation von Ergebnissen ist auch wichtig, wenn es darum geht, Projektfortschritte sowie Erfolge zu belegen und transparent zu machen. Daher finden Sie alle wichtigen Informationen hierzu im Kapitel „Präsentieren Sie Erfolge überzeugend".

Planungsphase

Nun müssen Sie Termine und Ressourcen für das Projekt planen. Das ist wohl die mit den größten Unsicherheiten versehene Aufgabe im Projektmanagement. Für Aufgaben im Liniengeschäft gibt es häufig Vergleichswerte, die Aussagen zulassen, wie lange man für die Bearbeitung brauchen wird. Bei neuartigen Projekten fehlen diese zumeist, dies ist das grundsätzliche Problem bei der Projekt-Terminplanung.

Bevor in die detaillierte Planung eines Projektes eingestiegen wird, sollte allen Beteiligten, insbesondere dem Auftraggeber, nochmals deutlich vermittelt werden, dass die Planung keine endgültige Sicherheit geben wird. Ein Projektplan, der bis in das feinste Detail heruntergebrochen ist und für die gesamte Laufzeit tagesgenau definiert, was wer zu erledigen hat, mag das Gewissen beruhigen und die Illusion erzeugen, dass das Projekt nun auch so ablaufen wird – wird es aber nicht!

Eine Planung, die nicht in der Lage ist, flexibel auf Veränderungen zu reagieren, hat keine Berechtigung im Projektmanagement. Entscheidend ist, dass die Planung nicht nur leicht anzupassen ist, sondern Veränderungen auch transparent gemacht und kommuniziert werden.

Die Planungsphase unterteilen wir in diesem Buch nach den folgenden methodischen Hilfsmitteln, die sich zur Feinplanung bewährt haben:

- Phasenplan (auch Meilensteinplan genannt)
- Meilenstein-Eckterminplan
- Aktionsplan
- Aktivitätenliste
- Netzplan
- Balkenplan
- Kostenplan

Der Phasen- oder Meilensteinplan

Wichtigste Eingangsgröße zur Erstellung des Phasen- oder Meilensteinplans ist der Projektstrukturplan. Aus diesem ist problemlos eine Arbeitspaketeliste zu erstellen. Die unterste Ebene im PSP enthält, bereits durchnummeriert, alle im Projekt zu erledigenden Arbeitspakete. Nun ist es die Aufgabe des Projektteams allen Paketen eine zeitliche Dimension zuzuordnen. Hierdurch kann man nicht nur Aussagen über den zeitlichen Verlauf und das Projektende treffen, sondern während des Verlaufes Soll-/Ist-Vergleiche durchführen. So kann man frühzeitig gegensteuern, wenn sich Verzögerungen abzeichnen.

Meilensteine brauchen Sie zur Kontrolle

Die Grundidee des Phasenplans liegt darin das Gesamtprojekt in einzelne, zeitlich orientierte Phasen zu gliedern. Das Grundmodell, das die Aufgaben im Projektmanagement gliedert, wurde bereits zu Beginn dieses Instrumentenkapitels eingeführt. Nun geht es darum die eigentliche inhaltliche Arbeit des Projektes ähnlich zu strukturieren und jeder Phase die Arbeitspakete des PSP zuzuordnen. Jede Phase endet mit einem Meilenstein. Meilensteine sind „Zwischenstationen" auf dem Weg zum Ziel.

Im Phasenplan ist der Meilenstein das Instrument für die Projektkontrolle. Der Meilenstein ist ein Termin, zu dem nachprüfbare Zwischenergebnisse aus verschiedenen Arbeitspaketen vorliegen. Er ist dabei nicht aufgaben-, sondern ergebnisorientiert formuliert.

Bei Erreichen eines Meilensteins kann damit exakt definiert werden, ob das Projekt im Zeitplan liegt oder nicht. Fehlen einige der definierten Ergebnisse, wird der Meilenstein verschoben. 70%-Lösungen werden nicht akzeptiert.

Die Meilensteine sollten sehr überlegt gesetzt werden, zu viele verwirren und erschweren die Steuerung. Gibt es zu wenige, kann man sich vom aktuellen Stand des Projektes kein Bild machen. Zwischen einzelnen Meilensteinen ist es sehr schwierig, Statusaussagen zu treffen. Zwei kurze Beispiele:

Roland Meier kontrolliert nach der Hälfte der vereinbarten Zeit den Stand des Arbeitspaketes „Aufstellung Kriterienkatalog für die Softwareauswahl". Der Arbeitspaket-Verantwortliche teilt ihm mit, dass er noch keine konkreten Ergebnisse vorliegen habe. Roland Meier leitet schnell Steuerungsmaßnahmen ein, ggf. erhöht er sogar die Kapazität für dieses Arbeitspaket oder aber er revidiert den Zeitplan. Doch wer sagt ihm, dass der Zeitplan wirklich gefährdet ist? Es könnte ja sein, dass der Projektmitarbeiter aus seinem EDV-Hintergrund heraus sehr lange brauchte, um sich in die Materie „Personalarbeit" hineinzuarbeiten. Nachdem er sich das Thema nun erarbeitet hat, ist es für ihn vielleicht ein „Kinderspiel" den Kriterienkatalog zusammenzuschreiben und so die vereinbarte Leistung zu erbringen. Dies wäre ein typischer Fall einer „Anlernkurve".

Zur gleichen Zeit kontrolliert Roland Meier auch das Arbeitspaket „Konzeption von personalstrategischen Kompetenzprofilen". Die für das Arbeitspaket verantwortliche Mitarbeiterin erklärt ihm, dass sie schon zu 90 % mit ihrer Aufgabe fertig sei, die Grobgerüste bereits definiert seien und nur noch „Fleisch an das Gerippe" müsse. Roland Meier freut sich, dass hier alles läuft und kümmert sich nicht mehr um dieses Arbeitspaket, da die fristgerechte Ergebnislieferung sichergestellt scheint. Vielleicht war es aber relativ einfach, ein Grobkonzept zu erstellen und die eigentliche „Musik" spielt nun in den Details und in notwendigen Abstimmungsschleifen.

Das als zweites Beispiel genannte Problem wird auch als „95%-Syndrom" bezeichnet. Sehr häufig tritt es in der Softwareentwicklung auf. Die Lösung ist schnell programmiert und vorzeigefähig, das Ergebnis beinahe erreicht. Test und Fehlersuche dauern dann aber häufig mindestens genauso lange wie die vorangegangene Programmierung.

Die folgende Abbildung veranschaulicht die Abhängigkeit zwischen Ergebnisfortschritt und Zeit noch einmal im Überblick. Erkennbar ist, dass zwischen dem Ergebnis und der dafür benötigten Zeit in den meisten Fällen keine lineare Abhängigkeit besteht, eine Abschätzung der benötigten Restzeit wird dadurch erheblich beschwert.

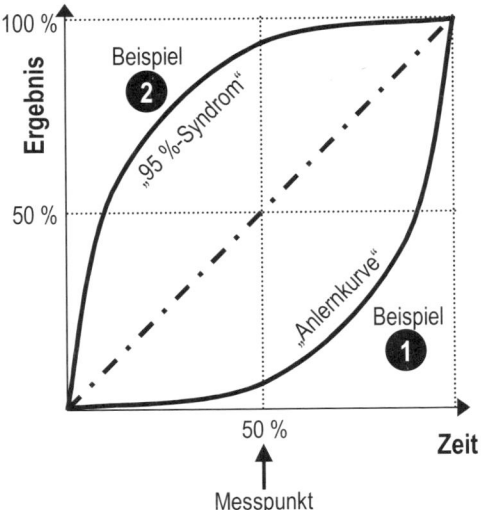

Für die Terminplanung zur Erstellung des Phasenplans gibt es grundsätzlich zwei Möglichkeiten:

1. Die Termine stehen fest

Sie sind z. B. durch den Auftraggeber oder die Rahmenbedingungen vorgegeben. Dann geht es darum die Aufgaben und Ressourcen so zu planen, dass die Termine eingehalten werden können.

2. Die Ressourcen stehen fest

Sie bilden den Engpass. Dann muss die Terminleiste so gestaltet werden, dass mit den vorhandenen Kapazitäten die zu erledigenden Aufgaben zu leisten sind.

Im ersten Fall spricht man von einer „Rückwärtsplanung", in der, ausgehend vom Endtermin, die Meilensteine nach vorne festgelegt werden. Im zweiten Fall handelt es sich um eine Vorwärtsterminierung, in der sich die Meilensteintermine aus den zur Verfügung stehenden Ressourcen ergeben. Leider hält sich die Praxis aber nicht immer an diese Zweiteilung. Häufig erlebt man, dass sowohl die Endtermine vorgegeben werden als auch die Ressourcen begrenzt sind. Kritisch wird es dann, wenn die Planungen nicht zueinander passen. Wie im einleitenden Kapitel beschrieben ist Projektmanagement eine ganzheitliche Managementaufgabe. Die Größen Aufwand, Zeit oder Ergebnis beeinflussen sich gegenseitig, der Ausgleich eines Ungleichgewichtes kann nur über eine Produktivitätssteigerung erfolgen. Ist absehbar, dass mit den zur Verfügung gestellten Ressourcen der Zeitplan nicht zu halten ist, muss schnellstmöglich erneut in die Auftragsklärung eingestiegen werden, um entweder an den geforderten Ergebnissen Abstriche vorzunehmen oder aber die Ressourcen zu erhöhen bzw. die Terminierung zu überarbeiten.

	Termine fest	Termine offen
Ressourcen offen	Rückwärtsplanung	Vorwärtsplanung und Auftragsklärung
Ressourcen fest	Ggf. Überarbeitung von Auftrag und Ziel	Vorwärtsplanung

Prinzipiell ist es möglich, einen Phasenplan zu erstellen, ohne im Vorfeld einen Projektstrukturplan zu erarbeiten. Damit raubt man sich dann jedoch die Möglichkeit, das Gesamtprojekt nach Teilprojekten zu strukturieren, inhaltlich zusammenhängende Arbeitspakete einfacher zu delegieren und zu kontrollieren. Die Steuerung der Komplexität wird deutlich erschwert.

Die Arbeitspakete zwischen zwei Meilensteinen stellen eine Projektphase dar. Die folgende Tabelle macht einen Vorschlag, was zu diesen Phasen geplant und festgehalten werden sollte.

Beispiel eines Phasenplans

	Phase 1	Phase 2	Phase 3
Meilenstein-ergebnis			
Arbeitspakete			
Arbeitsaufwand			
Kosten der Phase			
Meilensteintermin			
Entscheidungs-bedarf			
Meilenstein-beteiligte			

Zusätzlich zu der numerischen Zuordnung der Arbeitspakte zu den einzelnen Phasen vermittelt eine grafische Darstellung der Arbeitspakete allen Beteiligten einen Überblick über die terminliche Abfolge. Wie aus dem schematischen Beispiel in der folgenden Grafik zu sehen ist, muss nicht jedes Arbeitspaket mit einem Meilenstein enden, wichtig ist nur, dass jeder Arbeitspaket-Verantwortliche sich bewusst ist, zu welchem Meilenstein er beizutragen hat.

HÄNGEN SIE DEN PHASENPLAN GUT SICHTBAR AUF!

Der Phasenplan muss transparent sein. Fertigen Sie einen großen Ausdruck davon an oder skizzieren Sie ihn an einer Metaplanwand. So ist auf einen Blick ersichtlich, wann welche Meilensteine zu erreichen sind und welche Arbeitspakete dafür noch erledigt werden müssen. Der Phasenplan mit allen Inhalten, wie sie die folgende Grafik enthält, ist schon wieder relativ komplex. Um Entscheidern eine einfache Übersicht an die Hand zu geben, stellen wir einen Meilenstein-Eckterminplan vor.

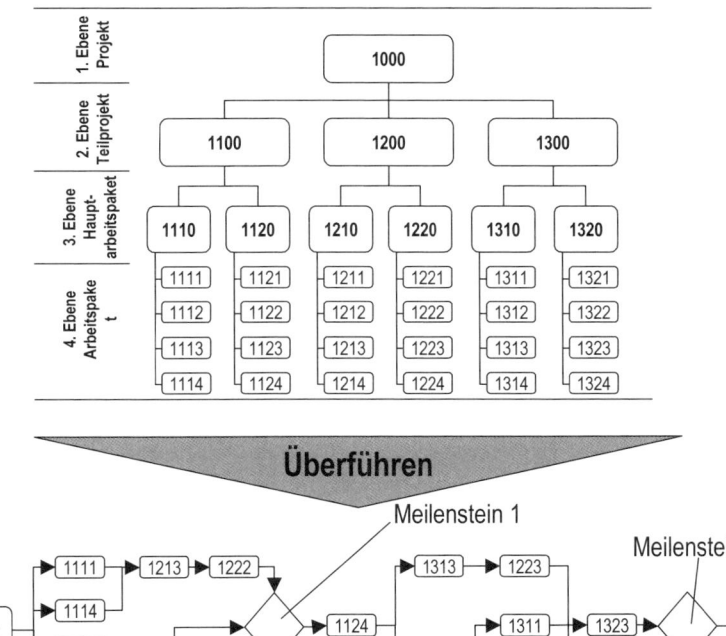

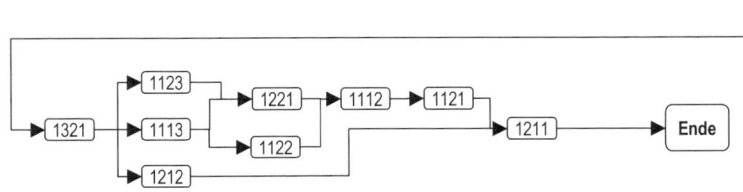

▪ Der Meilenstein-Eckterminplan

Wenn ein Meilenstein erreicht ist, müssen meist Entscheidungen getroffen werden. Es liegen nun konkrete Ergebnisse vor, die abgesegnet werden müssen. Es sind außerdem Weichenstellungen für die folgende Phase vorzunehmen. Leider ist in vielen Organisationen zu beobachten, dass Entscheidungen nur sehr ungern und langsam getroffen werden. Dies kann Projekte enorm verzögern. Von daher ist es sowohl für das Projektteam als auch für die jeweiligen Entscheider hilfreich, frühzeitig zu signalisieren, wann zu welchen Sachverhalten Entscheidungen benötigt werden.

Über so genannte „Ecktermine" wird definiert, an welchen Punkten das Projekt ruht, wenn keine Entscheidungen getroffen werden. In gewisser Weise sind Eckterminpläne damit Druckmittel, um Entscheider zu Entscheidungen zu zwingen.

Meilenstein-Eckterminplan

Ecktermin	Zugehöriger Meilenstein	Entscheidungsbedarf	Entscheidung bis zum	Auswirkungen auf Projektplan

Der Eckterminplan kann Entscheidungsunwillige zwar nicht dazu verpflichten, Entscheidungen zu treffen. Aber er entlastet den Projektleiter. Er kann nämlich dokumentieren, dass das Projekt dadurch in Verzug gerät und wesentliche Weichenstellungen nicht vorgenommen werden. Noch stärkerer Druck wird erzeugt, wenn im Eckterminplan festgehalten wird, dass von der Zustimmung zu einem formulierten Vorschlag ausgegangen wird, wenn nicht bis zu einem festgelegten Datum ein Veto erfolgt. Ein solches Vorgehen kann sich ein Projektmanager aber nur dann erlauben, wenn es zur Unternehmenskultur passt.

Die Planung geht nun mehr und mehr ins Detail. Die im Folgenden dargestellten Instrumente fallen in den Bereich der „Feinplanung". Mit ihrer Hilfe kann man:

- feststellen, wie lange ein Projektabschnitt dauern wird,
- Prioritäten für zeitkritische, den Endtermin gefährdende Vorgänge festlegen,
- in der Grobplanung vorgenommene Terminierungen überprüfen,
- Arbeitspakete in Aufgaben herunterbrechen, die sich dann im Projektteam verteilen lassen,
- Abhängigkeiten der Aufgaben untereinander ermitteln, um Engpässe besser aufspüren zu können,

- Termine bis auf Aufgabenebene planen, um den Kapazitätseinsatz steuerbar zu machen.

Die Erstellung einer Feinplanung ist extrem aufwändig. Ein Projektleiter sollte sich daher immer die Frage nach dem Aufwand-Nutzen-Verhältnis stellen und genau überlegen, für welche Projektabschnitte eine Feinplanung notwendig ist. Zu Beginn das gesamte Projekt im Feinen zu planen wäre wahrscheinlich „Blindleistung", da sich die Planung in diesem Detaillierungsgrad sehr schnell überholt. Gänzlich auf die Feinplanung zu verzichten wäre ebenfalls leichtfertig, da wesentliche Steuerungsinformationen dann nicht vorliegen. Es gilt weiterhin der Grundsatz: „Plane, was planbar ist!". In der Praxis hat sich die Feinplanung als sinnvolles Instrumentarium zwischen zwei Meilensteinen bewährt.

Die Aktivitätenliste

Die Aktivitätenliste nimmt für die Feinplanung eine ähnlich wichtige Rolle ein wie der Projektstrukturplan für die Grobplanung. Sie ist Eingangsvoraussetzung für die weiteren Instrumente (Netzplan, Balkenplan, Kostenplan) und ergibt sich aus der Zerlegung der Arbeitspakete des PSP und Meilensteinplans.

Eine Aktivität lässt sich sehr formal beschreiben, wie etwa in der DIN 69900 Teil 1 als ein „Ablaufelement, das ein bestimmtes Geschehen beschreibt. Hierzu gehört auch, dass Anfang und Ende definiert sind". Für die Praxis eignen sich natürlich griffigere Definitionen.

WAS IST EINE AKTIVITÄT?

Eine Aktivität ist ein Vorgang, der

- an menschliches Handeln gebunden ist,
- exakt definierte Anfangs- und Endpunkte hat und
- ohne Unterbrechung durchführbar ist.

Im allgemeinen Sprachgebrauch werden Aktivitäten auch als „Tätigkeiten", „Vorgang" oder „Arbeitsschritt" bezeichnet, in manchen Projektmanagementbüchern ist daher auch anstelle von Aktivitätenlisten von Vorgangssammellisten oder Arbeitspaketbeschreibungen die Rede.

Betrachtet man, was alles zu einer Aktivität zu planen ist, zeigt sich schnell, mit welch hohem Aufwand die Feinplanung in Summe verbunden ist. Für jede Aktivität ist nämlich festzuhalten:

- Aktivitätennummer
- Aufwand zur Erstellung
- Für die Realisierung verantwortliche Person
- Benötigte Ressourcen
- Gesamtdauer zur Erstellung
- Ggf. notwendige Wartezeiten
- Abhängigkeit zu anderen Aktivitäten
- Verursachte Kosten
- Anfangs- und Endtermine

Diese Inhalte werden im Folgenden kurz skizziert, da sie für die weitere Feinplanung benötigt werden.

AKTIVITÄTENNUMMER SORGT FÜR ORDNUNG

Die Aktivitätennummer wird aus der Arbeitspaketnummer abgeleitet, diese wird um eine jeweils fortlaufende Positionsnummer ergänzt und macht damit die Aktivität in der zu erstellenden Aktivitätenliste identifizierbar.

WIE HOCH IST DER ERSTELLUNGSAUFWAND?

Zu jeder Aktivität wird geplant, wie viel Personalaufwand zur Erarbeitung benötigt wird. Dieser wird in Personentagen oder -stunden angegeben. Dabei ist nicht die Dauer, sondern der tatsächlich benötigte Aufwand die relevante Größe. Lässt sich der Aufwand nicht abschätzen, kann dies ein Indikator dafür sein, dass durch die Planung die Arbeitspakete noch nicht fein genug gegliedert wurden. Ggf. ist dann die Aktivität in weitere Schritte zu unterteilen, um eine höhere Planungssicherheit zu erhalten.

Bestimmen Sie einen Verantwortlichen

Zu jeder Aktivität wird **eine** Person als Verantwortlicher definiert. Verantwortung muss klar zugeordnet werden, eine Delegation an ein Team ist häufig mit Problemen verbunden, da sich dann leicht niemand persönlich verantwortlich fühlt. Die Regelung der Verantwortung sagt noch nicht aus, dass diese Person dann allein in der Pflicht steht die Aktivität auch auszuführen. Eine genaue Übersicht über die Verantwortlichkeiten, Mitarbeiter und sonstige Beteiligte kann man mit der VABI-Matrix festlegen. Hiermit wird dokumentiert, wer die **V**erantwortung übernimmt, wer der **A**usführende ist, wer **b**eratend beteiligt ist und wer **i**nformiert werden muss.

VABI-Tabelle

Beteiligte Aktivität	Auf- tragge- ber	PL	MA 1	MA 2	FK XY	BR
1122.01	I	I	A	V		I
1122.02	B	A			V	I
1122.03		B	V	A		
1122.04		V	A		I	
1122.05		V		A		
...						

V = verantworten, A = ausführen, B = beraten, I = informieren

Für komplexere Projekte kann die VABI-Methode ausgeweitet werden. Eine Ergänzung stellt das IBZED-Modell dar. Die Buchstaben der Abkürzung haben folgende Bedeutung:

I = informieren, B = beraten, Z = zustimmen, E = entscheiden, D = durchführen

Welche Ressourcen brauchen Sie?

In der Ressourcenplanung werden sowohl benötigte personelle Ressourcen (wie viel und wer?) als auch sonstige Bedarfe geplant, wie etwa Maschinen, Rechenzeit und sonstige Infrastruktur. Neben dem Bedarf muss auch die Verfügbarkeit geplant werden, so nutzt z. B. ein Projektmitarbeiter, der zu 50 % im Projekt arbeitet und vormittags zur Verfügung steht relativ wenig, um Telefoninterviews und Abstimmungen mit Experten an der Westküste der USA vorzunehmen. Auch die Urlaubsplanung der Projektmitarbeiter fließt in dieser Detaillierungsebene in die Ressourcenplanung mit ein.

BESTIMMEN SIE DIE AKTIVITÄTENDAUER

Die Dauer einer Aktivität ergibt sich aus der Kombination von Erstellungsaufwand und vorhandenen Kapazitäten und deren Verfügbarkeit. Eine Aktivität, die zur Bearbeitung einen Aufwand von zehn Personentagen benötigt, aber von einem Projektmitarbeiter bearbeitet wird, der nur zu 20 % seiner Arbeitszeit dem Projekt zugeordnet ist, dauert damit statt zehn Tage gleich zehn Wochen!

PLANEN SIE WARTEZEITEN EIN

Teilweise gibt es Aktivitäten, bei denen sich die Dauer nicht nur aus Aufwand, Ressourcen und Verfügbarkeit ergibt, sondern bei denen Wartezeiten einzuplanen sind. Ein plastisches Beispiel: Im Hausbau muss die Aktivität „Wände streichen" genügend Wartezeit vorsehen, bis Putz oder Tapeten ausgetrocknet sind. Ebenso kann es sein, dass für Anfragen bei Lieferanten, Stellungnahmen von Herstellern über deren Produktspezifikationen oder Vertragsverhandlungen mit externen Beratern Wartezeiten einzuplanen sind.

ABHÄNGIGKEITEN ZWISCHEN EINZELNEN AKTIVITÄTEN

Zu den aufwändigsten Aufgaben gehört es meist, die Abhängigkeiten zwischen den einzelnen Aktivitäten zu evaluieren. Dies ist jedoch wichtige Voraussetzung für die Erstellung des Netzplanes. Ziel ist die Verkettung der Aktivitäten mit dem Bestreben, möglichst viele Schritte parallel auszuführen, damit sich die Projektdauer reduziert. Wie viele Aktivitäten nun parallel ausgeführt werden können, ist zum einen von den zur Verfügung stehenden Ressourcen abhängig, zum anderen aber auch von inhaltlichen Vernetzungen. So macht es im Beispiel von Roland Meier wenig Sinn, verschiedene Softwaretools zu evaluieren, bevor nicht die fachlichen Anforderungen erhoben wurden.

Für jede Aktivität wird daher definiert, welche Vorgänger-Aktivitäten aus inhaltlicher Sicht gegeben sind. Es ist festzustellen, welche Art von Abhängigkeit gegeben ist. Wir unterscheiden vier Varianten.

Abhängigkeitsarten zwischen Aktivitäten und ihren Vorgängern

Abhängigkeitsvariante	Beschreibung	Beispiel
Normalfolge (NF)	Aktivität beginnt nach Ende des Vorgängers.	Nach Abschluss der Erstellung des Anforderungskataloges kann mit der Softwareevaluation begonnen werden.
Anfangsfolge (AF)	Aktivität kann beginnen, sobald Vorgänger begonnen hat.	Mit Start der Projektmarketingaktivitäten kann auf interne Kunden zugegangen werden, um dort Erhebungen durchzuführen.
Endfolge (EF)	Aktivität kann erst beendet werden, wenn Vorgänger beendet ist.	Die ROI-Berechnung kann erst endgültig beendet werden, wenn der ermittelte Nutzen committed wurde.
Sprungfolge (SF)	Aktivität kann erst beendet werden, wenn Vorgängeraktivität gestartet wurde.	Das bestehende Abrechnungssystem kann erst beendet (abgeschaltet) werden, wenn die Produktivsetzung des Neusystems begonnen hat.

KOSTENKALKULATION

Die Kosten für jede Aktivität ergeben sich aus den Mitarbeiterstunden und den sonstigen benötigten Ressourcen. In vielen Unternehmen werden die Personalkosten jedoch nicht erfasst, sondern nur die Zusatzleistungen als budgetwirksam geplant. Sollen auch die Mitarbeiterleistungen kostenwirksam ausgewiesen werden, benötigen Sie Stunden- bzw. Tagesverrechnungssätze (ggf. differenziert für verschiedene Mitarbeitergruppen), die zumeist im Controlling zu erfragen sind.

ANFANGS- UND ENDTERMINE

Aus Aufwand, Ressourcen und Abhängigkeiten ergeben sich die Anfangs- und Endtermine für alle Aktivitäten. Zur Planung dieser Zeitpunkte kommt wie auch in der vorgestellten Phasenplanung wieder die Vorwärts- und die Rückwärtsrechnung in Betracht.

Aktivitätenliste

Datum:

Arbeitspaket:

Arbeitspaket Verantwortlicher:

Nr.	Aktivität	Erstellungsaufwand	Mitarbeiter	Kapazität	Dauer	Wartezeit	Direkter Vorgänger	Abhängigkeitsart	Kosten	Aktivität Anfang	Aktivität Ende

Der Netzplan

Die Netzplantechnik gehört zu den ältesten Instrumenten des Projektmanagements. Sie ist aus der Graphentheorie des Operations Research entstanden und dient dazu, den Projektplan mit allen Abhängigkeiten graphisch und rechnerisch darzustellen. Folgende Ziele sollen erreicht werden:

- Unterstützung bei der Suche nach frühestmöglichen Anfangspunkten für Aufgaben
- Suche nach spätestmöglichen Anfangspunkten (ohne den Endtermin zu verschieben)
- Frühestmöglicher Endtermin pro Aufgabe
- Spätesterforderlicher Endtermin pro Aufgabe
- Suche nach Aufgaben, die besonders kritisch sind, da eine Verzögerung hier Auswirkung auf den Endtermin hätte
- Bestimmung des zeitlichen Puffers pro Aufgabe

All diese Punkte zu beantworten, ist sehr aufwändig. Sinnvoll ist dies nur, wenn eine Netzplantechnik-Software eingesetzt wird. Für hoch komplexe Projekte lohnt sich dies, da solche Systeme auch Vorschläge zur Optimierung des Plans entwerfen können und automatisiert den „kritischen Pfad" analysieren, also die Reihe von aufeinanderfolgenden Aktivitäten, die keine Pufferzeiten enthalten. Verzögert sich eine Aktivität, die auf dem kritischen Pfad liegt, verzögert sich auch der Endtermin, wenn nicht bei anderen, nachgelagerten Aktivitäten des kritischen Pfades die Zeit (durch höheren Ressourceneinsatz oder gesteigerte Effizienz) wieder aufgeholt werden kann. Durch die Definition der Abhängigkeiten der einzelnen Aktivitäten kann die Software den Netzplan erstellen.

Aktivitätennummer		
Beschreibung der Aktivität		
Frühester Anfangstermin	Dauer	Frühester Endtermin
Spätester Anfangstermin	Puffer	Spätester Endtermin

Alles im Griff mit den richtigen Instrumenten

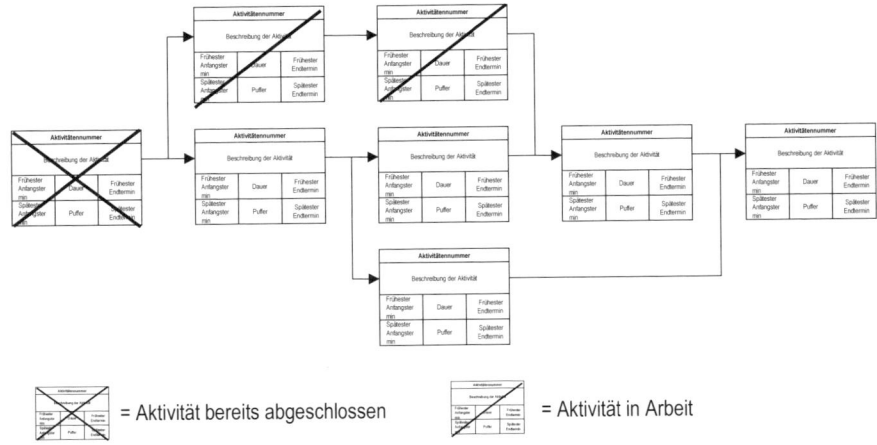

= Aktivität bereits abgeschlossen = Aktivität in Arbeit

DIE NETZPLANTECHNIK EIGNET SICH FÜR KOMPLEXE PROJEKTE

Die Netzplantechnik hilft die konkreten Zeitabschnitte eines Projektes besser zu planen. Man sollte jedoch nicht der Versuchung erliegen, zu akribisch zu lange Perioden zu verplanen, da der Aufwand ein sehr hoher ist und sich die Rahmenbedingungen in den meisten Projekten recht regelmäßig verändern. Die rechnergestützte Variante eignet sich für zeitkritische Großprojekte, die in ihrer Komplexität anders kaum in den Griff zu bekommen sind.

In „einfacheren" Projekte ist der Netzplan in dieser Ausführlichkeit nicht unbedingt ein effizientes Hilfsmittel. Es lohnt sich aber, das eine oder andere dieser Methodik zu nutzen. Obige Skizze eines Netzplans lässt sich leicht mittels Metaplankarten auf einer Pinnwand erstellen. Auf manche Detailinformationen kann man dabei verzichten, die Diskussion über Abhängigkeiten und Reihenfolgen in der Bearbeitung wird durch eine solche Visualisierung sehr gefördert. Die Metaplanmethode eignet sich gut, um in einem Projektteammeeting verschiedene Varianten zu diskutieren, die Karten lassen sich schnell umhängen. Als Ergebnis kann dann die Wand im Projektbüro aufgestellt oder aber per Fotoprotokoll an alle verteilt werden. Durch das An- und Durchstreichen von angefangenen bzw. abgeschlossenen Aktivitäten erhält jeder so auch schnell einen Überblick über den aktuellen Status.

Der Balkenplan

Deutlich häufiger als der Netzplan findet der Balkenplan (auch „Gantt-Diagramm" genannt) Anwendung. Für die Darstellung von Balkenplänen gibt es keine Normierungen, sie werden sowohl in der Grobplanung als auch in der detaillierten Feinplanung verwendet. In Letzterer werden die benötigten Daten ebenfalls aus der Aktivitätenliste gewonnen. Der Vorteil der Balkenpläne liegt in ihrer Übersichtlichkeit, auf einen Blick kann entnommen werden, wann eine Aktivität startet und wann sie beendet ist. Ein Nachteil ist, dass die Abhängigkeiten nicht detailliert dargestellt werden können.

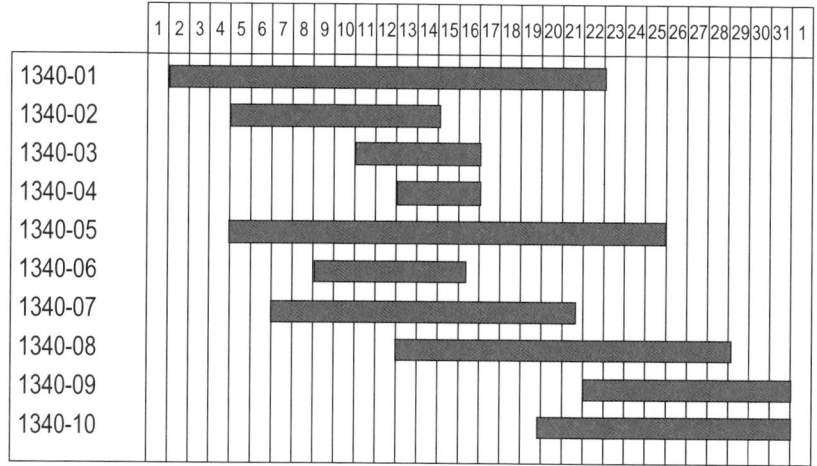

Abhängig vom spezifischen Bedarf muss der Projektleiter entscheiden, welches Planungsinstrumentarium er für die Feinplanung einzusetzen gedenkt. Für eine schnelle Übersicht bietet sich das Balkendiagramm an, für die Darstellung von Abhängigkeiten in komplexen Projekten der Netzplan. Balkenpläne lassen sich relativ einfach mit gängigen Softwaretools abbilden, bei weniger komplexen Projekten reicht hier schon ein Tabellenkalkulationsprogramm (z. B. MS Excel©). Aber auch mit „Standard"-Projektmanagementsoftware, wie etwa MS-Project© sind solche Diagramme schnell erzeugt und vor allem auch relativ schnell angepasst, wenn es zu Veränderungen kommt.

Wir konnten in vielen Projekten beobachten, dass in der Planungsphase bereits über die gesamte Projektlaufzeit detaillierte Balkendiagramme erzeugt, diese großformatig ausgedruckt werden und die Wände des Projektbüros zieren. Wir empfehlen Ihnen, die Kosten für den Großausdruck zu sparen und lieber den Meilensteinplan großflächig zu plakatieren. Hierfür reichen ein Blatt Metaplanpapier, Karten für jedes Arbeitspaket und jeden Meilenstein sowie eine Zeitleiste, die Sie auf das Blatt malen. Dieses Bild wird lebendiger sein als ein hochdetaillierter Computerausdruck!

Kostenplan

Der Kostenplan ist meist das Dokument, vor dem der Projektleiter am stärksten zurückschreckt. Hier heißt es „Farbe bekennen". Zeitliche Verzögerungen verschmerzt der Auftraggeber vielleicht noch, wenn das Ergebnis stimmt. Eine Überziehung der geplanten Kosten hat meist negativere Auswirkungen. Dennoch können keine zu großzügigen Puffer vorgesehen werden, da sich ansonsten das gesamte Projekt nicht rechnet.

Häufig herrscht zur Kostenplanung die Meinung vor, dass schon zu viel Zeit in ihre Planung geflossen ist und lieber endlich mit der Umsetzung begonnen werden soll. Das ist gefährlich! Projektkosten sind nur in der Planungsphase maßgeblich beeinflussbar, aus diesem Grunde sollte die Planung recht intensiv erfolgen.

Parallel zur Zeit- und Ressourcenplanung verläuft auch die Kostenplanung auf zwei verschiedenen Ebenen, zum einen durch eine Grobschätzung auf Basis des Projektstrukturplans und Phasenplans, zum anderen in der Detaillierung auf Basis der Informationen aus der Aktivitätenliste, in der ja die Aufwände sehr detailliert beschrieben werden. Um mehr Planungssicherheit bei der Abschätzung des Aktivitätenaufwands zu gewinnen, hat sich folgende Abschätzung für einen gewichteten Durchschnitt der Erwartungswerte etabliert:

Planungsphase

AUFWANDSABSCHÄTZUNG FÜR AKTIVITÄTEN

$$Aufwand = \frac{A_O + A_P + 4A_W}{6}$$

Mit:

A_O = Optimistischer Aufwand, der unter besten Bedingungen erreicht werden kann.

A_P = Pessimistischer Aufwand, der unter besonders ungünstigen Bedingungen erwartet wird.

A_W = Wahrscheinlicher Aufwand, der unter normalen Bedingungen zu erwarten ist.

In der frühen Planung können Kostensenkungsmaßnahmen eingeplant werden. Kurz vor Abschluss des Projektes gibt es kaum noch „Stellhebel", mit denen man an der Kostenschraube drehen kann.

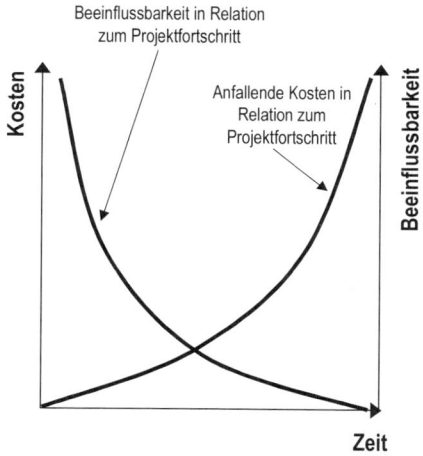

SO WERDEN KOSTEN ZUGEORDNET

Bei organisationsinternen Projekten stellt sich im Rahmen der Kostenplanung häufig das Problem der Kostenzuordnung. In den wenigsten Unternehmen wird eine klare Leistungsverrechnung auch für Projekte konsequent angewendet. Damit stellt sich die Frage, wie z. B. mit Kopierkosten, EDV-Nutzung, Raummieten etc. umgegangen wird. Klären Sie daher schon in der Auftragsdefinition, welche Kosten dem Projekt angerechnet werden. Reduzieren Sie für Ihre Steuerung diese dann auf die beeinflussbaren Kosten (an den internen Verrechnungspreisen für Raummieten etc. werden Sie höchstwahrscheinlich nichts ändern können).

Planen Sie dann auch hier vom Groben ins Feine. Zunächst erfolgt die Gesamtkostenabschätzung auf Basis des PSP. Vor jeder neuen Phase kann dann im Rahmen der Feinplanung eine detaillierte Abschätzung für die beginnende Phase erfolgen. Dabei kann es ratsam sein diesen Wert in den Meilenstein-Eckplan einzutragen. Das sorgt für Transparenz gegenüber den Entscheidern, die diesen Wert genehmigen müssen.

Umsetzungsphase

Jetzt müssen Sie die geforderten Ergebnisse erarbeiten. Für die anzugehende Phase besteht eine Feinplanung. Jeder weiß, was bis wann zu tun ist. Können Sie sich als Projektleiter also bis zum Termin des nächsten Meilensteins zurücklehnen? Nicht ganz. Folgende Aufgaben haben Sie in der Umsetzungsphase zu erfüllen:

- Steuerung/Umsetzungs-Controlling
- Berichterstattung/Dokumentation
- Abschlussanalyse (zu jedem Meilenstein)

Dazu kommen aber weitere Aufgaben, die häufig ganz zu Unrecht eher stiefmütterlich behandelt werden:

- Kommunikation über das Projekt, Sprachrohr sein und „Sounding Boards" nutzen
- Führung der Teammitglieder, insbesondere Motivation, Personalentwicklung und Beurteilung

Steuerung/Projektcontrolling

Als Projektleiter müssen Sie überprüfen, ob die mit viel Energie erstellten Planungen einzuhalten sind. Diese Prüfung sollte sich nicht nur auf einige wenige Momentaufnahmen (z. B. zu den Meilensteinterminen) beschränken, sondern möglichst permanent erfolgen, damit Sie bei drohenden Abweichungen ausreichend Zeit zum Eingreifen haben.

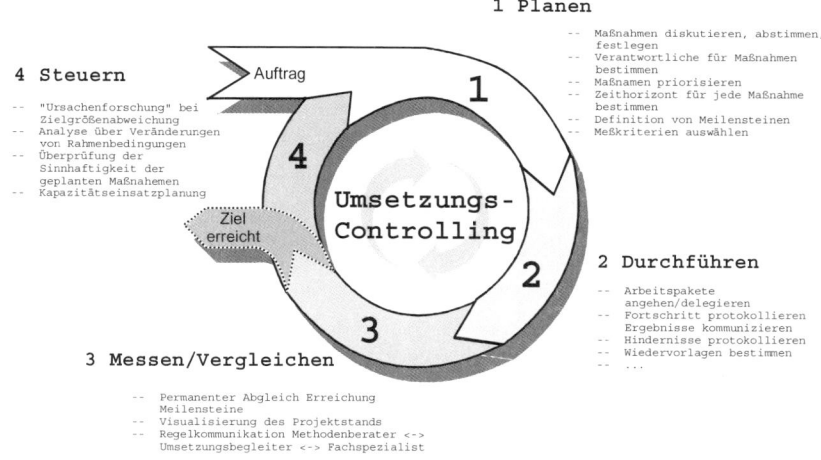

Das Projektcontrolling folgt dann dem klassischen Controlling-Kreislauf. Auf Basis der Planung wird der Status der Durchführung überwacht. Dabei kann es hilfreich sein, den Fachspezialisten eine unterstützende Kraft zur Seite zu stellen. Dies kann etwa ein Methodenberater sein, der als Coach aus neutraler Sicht Arbeitsweisen infrage stellt und hilft, möglichst effiziente Bearbeitungswege zu finden. Hierfür eignen sich häufig externe Berater, die nicht die Unternehmensbrille aufhaben und sich nicht so stark auf eingefahrenen Gleisen bewegen.

Bei internen Projekten, in denen die Fachspezialisten eher „nebenbei" am Projekt arbeiten, also nicht überwiegend freigestellt sind, empfehlen wir die Einrichtung so genannter „Umsetzungsbegleiter". Diese übernehmen für einzelne Aktivitäten die Funktion des regelmäßigen „Piekens". Sie überprüfen den Arbeitsstand und machen immer wieder auf die Einhaltung von Terminen aufmerksam. Die Funktion „Fachspezialist" und „Umsetzungsbegleiter" kann übrigens über Kreuz vergeben werden: Herr Schulze kann also Herrn Müller „pieken", seine Aktivität 2110.13 rechtzeitig abzuliefern, während parallel Herr Müller Herrn Schulze ein schlechtes Gewissen macht, dass Aufgabe 3140.6 noch nicht erledigt ist. Entscheiden Sie zusammen mit den Projektmitgliedern, ob ein solches Vorgehen sinnvoll und gewünscht ist. Die Vorteile:

- Der Projektleiter wird entlastet und muss nicht permanent nachhaken, auf welchem Stand eine Aktivität ist.
- Es wächst der Druck für jeden Einzelnen, das Tagesgeschäft etwas zurückzustellen und sich mehr um die Projektarbeit zu kümmern. Die Ermahnung eines Kollegen spornt oft mehr an als ein Eintrag im Projektplan oder persönlichen Kalender.
- Im Projekt fühlen sich mehrere Mitglieder verantwortlich; das fördert die Zusammenarbeit.

Mit diesem Vorgehen können aber auch Nachteile verbunden sein:

- Der Projektleiter fühlt sich gegebenenfalls von seiner Verpflichtung entbunden für das Controlling hauptverantwortlich zu sein.
- Es entsteht eine „Überwachungskultur"; die Stimmung sinkt durch gegenseitige Ermahnungen.
- Die Wirkung des Systems „verpufft" durch zu viele Über-Kreuz-Funktionen, es stellt sich ein „Tust-du-mir-nichts, tu-ich-dir-nichts" ein.

Zum Projektcontrolling gehört auch das Risiko-Controlling. Die bereits zur Initiierungsphase vorgestellte Risikoanalyse sollte regelmäßig, mindestens zum Beginn einer neuen Phase überarbeitet werden. Hierbei ist zu überprüfen, ob die eingeplanten Maßnahmen, die beim Eintreten konkreter Risiken gegensteuern sollten, auch wirksam waren. Die Erfahrungen, die man bei dieser Überprüfung macht, sollten schriftlich festgehalten werden. Sie können im weiteren Verlauf, aber auch für Folgeprojekte im Unternehmen sehr hilfreich sein.

DIE BALANCED SCORECARD

Projektmanagement ist ein ganzheitliches Management, das sehr viele verschiedene Funktionen beinhaltet. Von daher ist es sinnvoll auch eine ganzheitliche Steuerungsmethode anzuwenden. Hier setzt sich immer stärker die Idee der Balanced Scorecard (BSC) durch. Durch dieses Tool wird ein ausgeglichenes System geschaffen, das verschiedene steuerungsrelevante Dimensionen parallel fokussiert. In der „klassischen" Form sind dies die Perspektiven:

- Finanzen,
- Prozesse,
- Kunden und
- Lernen/Entwickeln bzw. Mitarbeiter

Bei der Anwendung der BSC wird davon ausgegangen, dass die Übererfüllung einer Dimension nicht schlechtere Ergebnisse in einer der anderen ausgleicht. Alle vier Dimensionen sollen sich im „grünen Bereich" befinden. Um dies zu überprüfen, werden die Projektziele in Teilziele heruntergebrochen, die dann den vier Perspektiven zugeordnet werden. Durch diese Zuordnung lässt sich überprüfen, ob das Zielesystem ein ausgewogenes ist oder aber Überbetonungen einzelner Dimensionen vorliegen. Anschließend werden zu jedem Ziel aussagekräftige Kennzahlen, so genannte „Key Performance Indicators" (KPI), definiert, die das Ziel messbar machen. Jedem KPI werden Soll-Werte hinterlegt und ggf. Bandbreiten definiert, ab wann ein Gegensteuern notwendig wird („Ampelfarben"). Das Controlling und Reporting hat dann die Aufgabe, regelmäßig die Ist-Stände zu den KPIs zu erheben und übersichtlich darzustellen. Dies kann im regelmäßigen Statusbericht erfolgen. Neben dem aktuellen Ist-Projektstand werden hiermit auch Abweichungen zum Soll sowie Maßnahmen zum Gegensteuern dokumentiert. Vorschläge zur Form von Statusberichten wurden zur Definitionsphase eines Projektes bereits beschrieben, weshalb das folgende Kapitel sehr kurz ausfallen kann.

Berichterstattung und Ergebnisdokumentation

Meist bleibt in der heißen Phase des Projektes wenig Zeit, auf einheitliche Dokumente zu achten. Standards, so genannte Templates sollten möglichst früh definiert werden, damit im Nachgang keine Doppelarbeiten dadurch entstehen, die bereits dokumentierten Ergebnisse noch in die richtige Form zu bringen.

WER ÜBERNIMMT DIE DOKUMENTATION?
Planen Sie ein, wer für die Dokumentation zuständig ist. Am besten ist es natürlich, wenn Informationen gleich am Ort des Entstehens festgehalten werden und die direkt Beteiligten sich nicht der Aufgabe durch Delegation entziehen. Es lohnt sich nicht, die zu dokumentierenden Inhalte erst noch an eine andere Person zu vermitteln. Das kostet viel Zeit und Details gehen verloren. Erst recht sollten nicht die hochbezahlten Spezialisten oder eingekaufte externe Berater stunden-, ja sogar tagelang hinter dem Bildschirm sitzen und Folien erstellen! Die Fachleute und Berater sollen Fachaufgaben lösen, konzipieren, neue Ideen generieren – und nicht das Grafikprogramm und sich selbst quälen. Dafür sind Spezialisten in der Regel zu teuer. Übergeben Sie diese Aufgabe lieber Werkstudenten oder Praktikanten. Sie haben in der Regel sehr gute Anwenderkenntnisse in den Standard Office-Produkten, belasten das Budget nicht so wie teure Fachkräfte und profitieren davon an einem spannenden Projekt mitarbeiten und Erfahrungen sammeln zu können.

Abschlussanalyse

Nach Erreichen des letzten Meilensteins, also zum Ende des Projektes hin, erfolgt die Abschlussanalyse. Hier überprüfen Sie nun, inwieweit die Ziele des Projektes inklusive der Budget- und Ressourceneinhaltung erreicht wurden. Zusätzlich analysieren Sie, was im Projekt gut lief, welche Erfolgsfaktoren es gab und was hätte besser laufen können. Diese „lessons learned" sind sehr wertvolle Hinweise für die nächste Phase. Auch jedes Teammitglied profitiert davon, denn der nächste Projekteinsatz kommt bestimmt. Werden die Ergebnisse so transparent dokumentiert, dass auch nicht am Projekt beteiligte Kollegen darauf Zugriff haben, wächst der Nutzen natürlich nochmals. Leider sind solche Wissensmanagement-Systeme nur sehr selten in der Praxis zu finden. Vorreiter sind hier stark an Projekten ausgerichtete Organisationen, etwa die Baubranche oder Beratungen.

Zur Analyse bieten sich Workshops mit den beteiligten Mitarbeitern sowie Einzelbefragungen an. Hierbei sollte auch der Auftraggeber befragt werden, dieser wird aus seiner Perspektive einige wichtige Punkte beitragen können. Eine weitere Form sind schriftliche Befragungen, mit denen eine breitere Streuung (z. B. bis zu den internen Kunden) erzielt werden kann. Deren Informationsgehalt ist allerdings meist nicht ganz so hoch ist wie der von persönlichen Analysen. „Persönliche lessons learned" lassen sich durch 360°-Feedbacks erheben, die je nach Kultur entweder anonym oder aber transparent durchgeführt werden. Um hier den Aufwand drastisch zu reduzieren, bieten sich web-gestützte Verfahren an, die relativ wenig Zeit und Budget veranschlagen. Unter www.kienbaum.de erhalten Sie mehr Informationen zu web-basierten 360°-Feedbacks.

Wie Sie gleichzeitig mehrere Projekte steuern

Das Management eines Projektes ist eine komplexe Aufgabe. Noch schwieriger wird es allerdings, wenn man gleich mehrere Projekte in den Griff bekommen muss.

Roland Meier ist damit betraut das Projekt „Personalarbeit der Zukunft" anzugehen. Aber es gibt im Unternehmen einige weitere Projekte:

- *Das HR-Basissystem (Stammdatenpflege, Abrechnung und Zeitwirtschaft) muss abgelöst werden, da die Wartung in zwei Jahren nicht mehr sichergestellt ist.*

- *Das Controlling führt die interne Leistungsverrechnung für indirekte Bereiche ein.*

- *Das Unternehmen gibt sich im Rahmen der neuen Strategieprozesse ein Leitbild, das ganz neue Rollen und Werte festschreibt.*

- *Der Vertrieb führt im Rahmen seines Customer Relation Management Projektes eine neue Portal-Technologie ein.*

- Die Produktion schließt sich mit ihrem Supply Chain Management Projekt an das Portal des Vertriebs an.

- Die IT-Beratung, die das Portal konzipiert, regt an auch ein HR-Portal einzurichten, was wiederum Auswirkungen auf das Teilprojekt „Zugangskanäle" von Roland Meier hat.

Wer hat die übergeordnete Steuerung in der Hand, erst recht, wenn die Projekte in verschiedenen Bereichen „beheimatet" sind, aber zahlreiche gemeinsame Schnittstellen haben? Wie verhindert man Doppelarbeiten, wie werden Kapazitäten gebündelt und verhindert, dass zu gleichen Themen unterschiedliche, vielleicht sogar widersprüchliche Lösungen erarbeitet werden?

„Multiprojektmanagement" ist eine hochgradig individuelle Aufgabe. Es gibt kaum allgemeine Tools oder Vorgehensmodelle. Wir geben Ihnen einige Hinweise und Tipps, wie Sie eine Projektkoordinations-Organisation konzipieren können, die auf die unternehmens- und projektlandschaftsspezifischen Gegebenheiten Rücksicht nimmt.

DAS PROGRAMMMANAGEMENT ALS EXPLIZITE STELLE

Richten Sie eine Stelle ein, die sich mit der Koordination mehrerer Projekte beschäftigt. Ein solches „Programmmanagement" rechnet sich, sobald Gefahr besteht, dass in Projekten redundant gearbeitet wird. Den jeweiligen Projektleitern die Koordinationsaufgabe neben ihren Projektsteuerungsaufgaben zuzuschreiben, funktioniert meistens nicht. Je nach Umfang der Projektlandschaft benötigt das Programmmanagement auch keine 100-%-Stelle, sondern kann auch neben einer Linientätigkeit betrieben werden. Der Programmkoordinator sollte allerdings „nebenbei" nicht selber in eines der zu koordinierenden Projekte operativ eingebunden sein und eine Stellung im Unternehmen haben, die es ihm erlaubt, steuernd einzugreifen.

ORGANISATION DER LENKUNGSAUSSCHÜSSE

Als Entscheidungsgremien für komplexere Projekte bieten sich Gremien an, die mit Entscheidungsträgern verschiedener Bereiche, ggf. der Geschäftsführung besetzt sind. So entscheidet nicht eine Person alleine;

verschiedene Strömungen und Bereichsinteressen können im Entscheidungsprozess berücksichtigt werden. Beim „Multiprojektmanagement" sollte darauf geachtet werden, dass nicht für jedes Projekt ein eigener Lenkungsausschuss ins Leben gerufen wird. In diesem Fall hätten Sie große Schwierigkeiten Tagungstermine zu finden, da die Entscheider von Ausschuss zu Ausschuss eilen. Sind die Projekte zu heterogen, kann man den Lenkungsausschuss kaum so besetzen, dass er allen Themen gerecht wird und kompetent entscheiden kann.

BESTIMMEN SIE AUFGABEN, VERANTWORTUNG UND MACHT

Verfahren Sie im Multiprojektmanagement so, wie wir es zur Initiierungsphase im „normalen" Projektmanagement beschrieben haben. Legen Sie fest, welche Rollen mit welchen Aufgaben, welcher Verantwortung und welchen Machtbefugnissen ausgestattet werden. Prüfen Sie sehr genau, ob die resultierenden AVM-Dreiecke eine „Schieflage" haben. Insbesondere für das Programmmanagement ist es wichtig zu klären, ob dies eine beratende Stelle mit Koordinationsfunktion ist, die Hinweise und Ratschläge gibt, oder aber eine steuernde Instanz, die mit ordnungspolitischer Macht auf die Planung und Durchführung der jeweiligen Projekte Durchgriff hat. Im ersteren Fall muss überprüft werden, ob ein „zahnloser Papiertiger" in der Lage ist, Koordinationsaufgaben effektiv zu übernehmen. Im letzteren Fall werden aus den Projekten quasi Teilprojekte, das Programmmanagement nimmt die Funktion des Gesamtprojektleiters ein. Der Projektstrukturplan erhält also eine übergeordnete Ebene.

Die folgende Abbildung zeigt eine mögliche Skizze für die kurz umrissene Projektlandschaft unseres Beispieles.

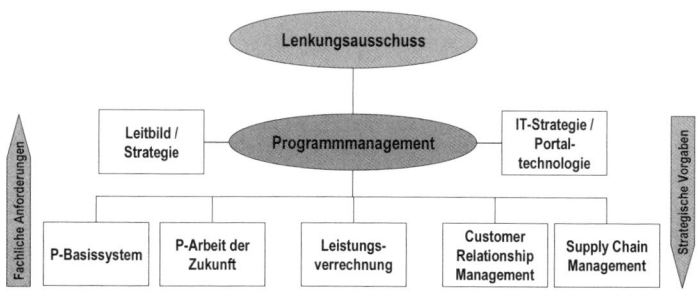

In der Praxis wird es sich wohl kaum machen lassen, dass eine Landschaft aus mehreren heterogenen Projekten einem Programmmanagement mit Weisungsbefugnissen unterstellt wird. Nur in wenigen Unternehmenskulturen ist es vorstellbar, dass der Personalbereich „seine" Projekte der gleichen Leitung unterstellt wie Vertrieb und Produktion. Die koordinierende Aufgabe des Programmmanagements ist daher die vorherrschende und oftmals auch ausreichende. Kommt es zwischen dem Programmmanager und den jeweiligen Projektleitern zu Konflikten, sollten diese rasch geklärt werden. Am besten legt man einen Modus fest, wie in solchen Fällen miteinander verhandelt wird.

Wenn Sie im Projektmanagement noch unerfahren sind, sollten Sie sich erst einmal an den hier vorgestellten Methodenwerkzeugen orientieren. Je mehr Projekte Sie leiten, desto routinierter und souveräner werden Sie dann damit umgehen. Aber Vorsicht! Für die übrigen Projektmitglieder muss immer transparent sein, was Sie tun!

Allen, die zum ersten Mal ein Projekt leiten, geben wir noch ein paar Merksätze mit auf den Weg. Wenn Sie einmal im Zweifel sind, ob Sie wirklich alles richtig machen, nehmen Sie sie wieder vor. Machen Sie sich neuen Mut und gehen Sie erneut an die Arbeit!

> Für erfolgreiches Projektmanagement braucht man einen Methoden-Werkzeugkasten.
>
> Die besten Erfahrungen sind die, die man selber macht.
>
> Durch Erfahrungen lernen ist die schmerzhafteste Art des Lernens, aber auch die nachhaltigste.
>
> Wenden Sie die Methoden an und machen Sie Ihre Erfahrungen!

Präsentieren Sie Erfolge überzeugend

Im Laufe des Projektes wird es verschiedene Situationen geben, in denen es notwendig ist, den aktuellen Stand der Ergebnisse zu präsentieren. Vor allem zum Abschluss des Projektes wird eine Abschlusspräsentation verlangt sein. Die Frage ist: Wie schafft man es trotz der Arbeitsbelastung Zwischenergebnisse bzw. Abschlussergebnisse überzeugend zu präsentieren?

NUR KEINE HEKTIK
In vielen Projekten sind solche Präsentationen mit viel Aufwand verbunden. Zumeist werden in „Nacht-und-Nebel-Aktionen" schnell noch aus den verschiedenen Dokumenten Folien erstellt, Formate passen nicht zusammen, der Drucker streikt und schließlich stürzt der Computer ab. Wir empfehlen, gleich zu Beginn des Projektes ein „Master-Dokument" anzulegen. Dieses enthält zunächst nur eine sehr grobe Gliederung, die sich am Phasenmodell des Projektes orientiert. Dieses Dokument „wächst" mit der Zeit des Projektes, das Ergebnisdokument entsteht somit vom ersten Tag an. Dafür ist es allerdings erforderlich, ein Format zu wählen, das einen Kompromiss zwischen Präsentationsfolie und Textdokument darstellt. Entscheider sind häufig visuelle Menschen und wollen die Informationen schnell aufnehmen können. Lange Texte sind dafür häufig ungeeignet.

Das in der folgenden Abbildung dargestellte Querformat hat sich in vielen Projekten mit unterschiedlichsten Themenstellungen (von IT-Konzeptionen bis hin zu sehr „soften" Personalthemen) bewährt. Jede Seite des Dokumentes besteht dabei aus drei Elementen:

- Überschrift: Thema/Inhalt der Seite
- Action-Titel: einige wenige Zeilen Text, die die Kernaussage der Seite zusammenfassen
- Abbildungsfeld: Möglichst eine Abbildung, die den Inhalt zusammenfasst. Bei Bedarf aber auch eine Aufzählung („bulled points" mit prägnanten Aussagen).

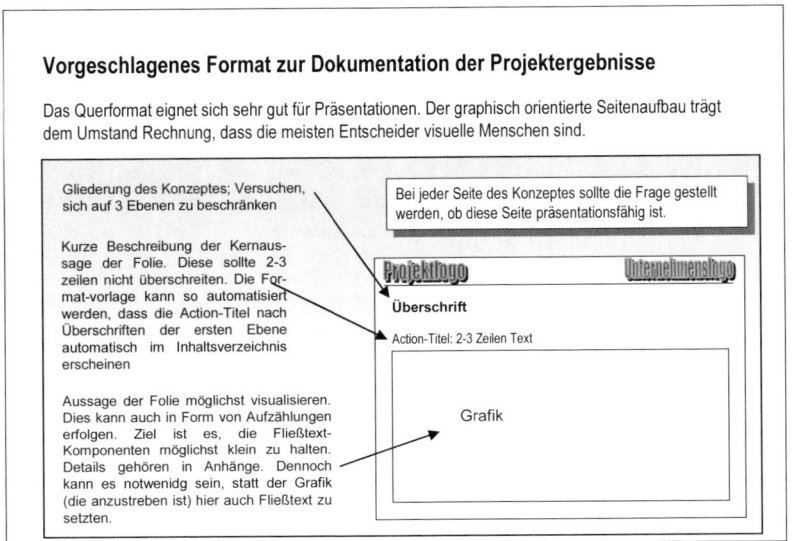

Für viele, die zum ersten Mal mit einer solchen Vorlage konfrontiert werden, stellt es eine Umgewöhnung und häufig auch eine Schwierigkeit dar, im Querformat zu arbeiten. Vor allem aber fällt es vielen nicht leicht komplexe Inhalte in dieser Form darzustellen. Wer es ein paar Mal gemacht hat, merkt, dass es doch eine große Erleichterung ist. Außerdem wird man gezwungen zu abstrahieren und die Inhalte grafisch oder textuell zusammenzufassen. Details zu den Inhalten können auf Folgefolien (hierarchisch gegliedert) oder („zur Not") in Text-Dokumenten als Anhang festgehalten werden.

Das „wachsende" Ergebnisdokument, also der schrittweise Ausbau des Dokumentes, das gleich zu Beginn des Projektes angelegt wurde, hat weitere Vorteile:

- Die Erstellung von Präsentationen kostet weniger Zeit.
- Zum Ende des Projektes entsteht nicht ein Dokument, das viele „Überraschungen" für die Entscheider enthält. Diese wurden bereits in Zwischenpräsentationen mit „ihrem" Ergebnisdokument konfrontiert, das zu früheren Zeitpunkten noch bewusst Lücken enthielt.
- Der Abstimmungsaufwand über Folieninhalte und deren Gestaltung reduziert sich deutlich.

Präsentieren Sie Erfolge überzeugend

Alle gängigen Office-Produkte sind geeignet Formatvorlagen für den hier vorgeschlagenen Seitenaufbau abzubilden. Die am häufigsten genutzten Produkte sind die aus dem Hause Micosoft©, aus deren Produktfamilie eignen sich die Programme Word und Powerpoint. Welches Produkt verwendet wird, hängt von den persönlichen Vorlieben und „Gewohnheiten" im Unternehmen ab. Beide Produkte haben Vor- und Nachteile. Auf der diesem Buch beiliegenden CD sind Beispiele für Formatvorlagen für beide Produkte enthalten.

DOKUMENTATION VON VERÄNDERUNGEN

Der inhaltliche Stand des Projektes verändert sich fortlaufend über die gesamte Projektdauer. Diesen zu dokumentieren ist Aufgabe des Ergebnisberichtes. Um den Überblick zu behalten, welchen Stand dieser hat und was die letzten Veränderungen waren, macht es Sinn, jedes Dokument mit einer Versionsnummer zu versehen und eine Änderungshistorie zu pflegen.

Bei größeren Projekten, in denen verschiedene Teilprojekte an ihren Ergebnissen arbeiten, kann es sinnvoll sein, auch die Vergabe von Versionsnummern zu standardisieren. Dann können Mitglieder anderer Teilprojekte, vor allem aber die verschiedenen Teilprojektleiter und der Projektleiter, auf einen Blick sehen, welchen Stand das aktuelle Ergebnisdokument hat. Folgendes System ist denkbar:

STANDARDISIERTE VERSIONSNUMMERN FÜR DAS ERGEBNISDOKUMENT

Versionen 0.1x bis 0.8x	Fortlaufende Nummerierung für Überarbeitungsstände im (Teil-) Projekt
Version 0.9	Zur Abstimmung vorgelegte Version (Abstimmung abhängig von der Projektorganisation, z. B. in Großprojekten zunächst zum Projektqualitätsmanager, ansonsten zum Projektleiter)

Versionen 0.9x	Fortlaufende Überarbeitungsstände in den Abstimmungsschleifen
Version 1.0	An den Auftraggeber/(internen) Kunden übergebene Endfassung
Versionen > 1.0	Überarbeitungen durch Änderungswünsche des Auftraggebers

Im Ergebnisdokument sollte gleich hinter dem Deckblatt eine Seite mit der Änderungshistorie eingefügt werden, so ist für alle Projektbeteiligten transparent, wer welche Änderungen wann vorgenommen hat.

Dokument-Änderungsnachweis (Beispiel)

Version	Änderung	Betroffene Seiten/ Kapitel	Autor	Datum
0.1	Erstfassung / Erstellung Gliederung	Alle	Hz	15.09.02
0.11	Ergänzung Kapitel Problemstellung	Kap. 1.1	RM	17.09.02
0.12	Überarbeitung Problemstellung	Seite 5/6	UB	18.09.02

Neben der Dokumentation von inhaltlichen Veränderungen ist es überaus wichtig, Änderungen in der Zielsetzung oder in wesentlichen Rahmenbedingungen festzuhalten. Diese Art von Veränderungen können wesentlichen Einfluss auf den weiteren Projektverlauf nehmen. Ein Projektleiter sollte sich nicht scheuen, sie festzuhalten und vom Auftraggeber gegenzeichnen zu lassen.

Diese Absicherung kann im weiteren Verlauf sehr wichtig sein. Wenn während des Projektverlaufes Überarbeitungen der zu Beginn des Pro-

Präsentieren Sie Erfolge überzeugend **133**

jektes vereinbarten Ziele nur kurz besprochen, nicht aber dokumentiert werden, besteht die Gefahr, dass am Ende das Projektergebnis doch am ursprünglich festgeschriebenen Ziel gemessen wird. Zur Dokumentation eignen sich so genannte „Change Requests".

Change Request

Projekt / Teilprojekt	Personalarbeit der Zukunft	Verantwortlich	Fr. Baumann, P			
Change-Request-Nr.	1	Datum	30.09.2003			
veranlasst von	R. Meier, PL	Priorität	niedrig	X mittel		hoch
Zieltermin	ASAP					

Änderungsbeschreibung

Eine Erarbeitung des Themas ohne Berücksichtigung der bestehenden IT-Strategie erscheint nicht möglich. Der IT-Bereich bietet keine Unterstützung an, wenn sich das Projekt nicht im Rahmen der bestehenden Regelungen bewegt. Daher Änderung der Zielsetzung: Keine gänzlich freie Suche nach optimalen Lösungen, sondern Eingrenzung auf das Optimum, das unter Berücksichtigung unserer IT-Strategie (zu verwendende Produkte und Architekturen) möglich ist.

Konsequenzen

Ggf. wird dadurch die Möglichkeit eingeschränkt, weit in die Zukunft zu schauen. Die EDV wird hier nicht zum Befähiger der Prozesse, sondern gibt wesentliche Weichenstellungen vor.

Massnahmen

Alternativen:
1. Beschluss, bestehende IT-Strategie zu Berücksichtigen
2. Verpflichtung der IT-Mitarbeiter, auch nicht strategiekonforme Lösungen in Betracht zu ziehen
3. Verzicht auf interne IT-Ressourcen, statt dessen Einkauf externer IT-Berater

Uta Baumann, Personalleiterin	Roland Meier, Projektleiter
Ort, Datum, Unterschrift Auftraggeber	Ort, Datum, Unterschrift Auftragnehmer

■ Projektmarketing

Ein Projekt muss richtig „verkauft" werden. Für die persönliche Karriere eines jeden Projektmitarbeiters ist es sehr wesentlich, wie das Projekt im Unternehmen angesehen wird. Neben der inhaltlichen Arbeit, die sicherlich auch ein Marketinginstrument ist (gute Ergebnisse sprechen sich meist schnell rum), kann es sich lohnen, Energie auf das Projektmarketing zu verwenden.

Häufig entstehen Probleme im Projekt dadurch, dass das Vorhaben im Unternehmen wenig bekannt ist. Sollen Mitarbeiter/Kollegen für eine kurze Befragung zur Verfügung zu stehen oder aber ihre Ideen, ihr Know-how einbringen, gelingt das kaum, wenn diese von dem Projekt noch nichts gehört haben, das Ziel unbekannt und der Nutzen intransparent ist.

Wichtig ist, dass die Entscheiderkreise das Projekt kennen. So können Prozesse beschleunigt und Budgetdiskussionen vereinfacht werden. Auch fällt ein positives Projektimage auf die handelnden Personen zurück.

Was gehört zum Projektmarketing?

- Definition eines aussagekräftigen Projektnamens.
- Schaffung eines Projektlogos als Wiedererkennungszeichen.
- Regelmäßige Kommunikation über das Projekt, nicht nur über Statusreports, sondern ggf. auch über Beiträge in der Mitarbeiterzeitung oder aber über das Intranet oder einen Projekt-Newsletter.
- Ggf. Durchführung einer „Road Show" durch die Abteilungen des Unternehmens oder auch zu den verschiedenen Standorten eines Unternehmens. Vorstellung des Projektzieles und der Inhalte sowie Möglichkeit zur Diskussion („Info-Messe" vor Ort).
- Bemühung um möglichst viele Einzelgespräche oder aber Zeitfenster in Abteilungs-(Team-)besprechungen betroffener Abteilungen, um frühzeitig Stimmungen aufzunehmen und diese berücksichtigen zu können.

> - Einladung möglichst vieler Teilnehmer zu Zwischenpräsentationen. Präsentation der Ergebnisse der Ist-Analyse: ein breites Publikum kann hier zusätzlich dazu dienen, die ggf. nur über stichprobenhafte Interviews erhobenen Erkenntnisse noch zu validieren.

Zahlreiche weitere Marketinginstrumente sind vorstellbar, im Projektteam sollte die gesammelte Kreativität aller Beteiligten genutzt werden neue Ideen zu generieren. Die Durchführung sollte dann aber, insbesondere vor dem Hintergrund meist knapper Ressourcen, sehr zielgerichtet erfolgen. Dafür ist es hilfreich, das typische Vorgehen im Marketing zu wählen. Dieses besteht aus folgenden sechs Schritten:

- Aufgabenstellung/Ziel des Projektmarketings spezifisch für das jeweilige Projekt definieren (nicht jedes Projekt soll auch gleich im ganzen Unternehmen bekannt sein).
- Zielgruppen des Projektmarketings definieren.
- Kommunikationsmittel/-kanäle festlegen. Hierzu bietet sich eine Kommunikationsmatrix an, die jeder Zielgruppe sinnvoll einzusetzende Kommunikationsmittel zuordnet. Das Top-Management wird beispielsweise sehr gut über Einzelgespräche oder Präsentationen gewonnen, die Mitarbeiter über die Projektzeitung oder eine Infomesse.
- Anlässe für Kommunikation ermitteln (Brainstorming mit dem gesamten Projektteam und ggf. mit dem Auftraggeber).
- Kommunikationsplan mit festen Maßnahmen und Terminen erstellen.
- Sofortmaßnahmen priorisieren.

So führen Sie Ihr Team

Roland Meier ist inzwischen guten Mutes: Das Projekt läuft gut und mit den neu erworbenen Kenntnissen hat er den Prozess wirklich unter Kontrolle. Fröhlich macht er sich auf den Weg zu seinem nächsten Projektteam-Meeting.

Als er den Besprechungsraum pünktlich betritt, ist lediglich einer seiner Projektmitarbeiter anwesend. Norbert Friedrich, ein junger Kollege aus dem Personalbereich gießt sich gerade eine Tasse Kaffee ein. Roland Meier schaut erstaunt durch den Raum und fragt den jungen Mann: „Wo sind denn die anderen? Es sind doch sonst immer alle pünktlich?" „Ein paar kommen gleich noch. Soweit ich weiß, kann Herr Kerner aus dem Vertrieb heute nicht dabei sein. Wahrscheinlich wurden die anderen irgendwo aufgehalten." Nach und nach trudeln die meisten Projektmitarbeiter ein. Herr Kerner fehlt tatsächlich, keiner weiß jedoch über die Gründe Bescheid. Roland Meier beginnt das Meeting mit 15 Minuten Verspätung.

Zurück in seinem Büro denkt Roland Meier erst einmal über die vergangenen 90 Minuten nach. Vorhin hatte er noch ein so gutes Gefühl. Jetzt ist er sich aber nicht mehr so sicher, ob wirklich das gesamte Projekt in geordneten Bahnen läuft. Fast keiner seiner Projektmitarbeiter erschien pünktlich zum Meeting, die meisten wirkten relativ müde und teilnahmslos. Herr Kerner ist gar nicht erst erschienen, ohne sich vorher bei irgendjemandem abzumelden. Anscheinend hat niemand wirklich Kontakt zu ihm. Am meisten jedoch ärgert sich Roland Meier über den Auftritt von Renate Hoffmann: Zuerst kommt sie 30 Minuten zu spät, dann fehlen ihre gesamten Zuarbeiten für dieses Meeting. Eine wirkliche Erklärung hat Herr Meier nicht von ihr bekommen. Vielmehr hat er das Gefühl, dass sie sich der Bedeutung ihrer Zuarbeiten gar nicht bewusst ist. Frustriert schaut Roland Meier aus dem Fenster. Er kann doch nicht allen hinterherlaufen und das Händchen halten, damit sie ihre Arbeit machen. Wie soll er das denn noch neben der ganzen Steuerungsarbeit schaffen?

Ja, wie soll unser Protagonist in dieser Situation reagieren? Ist es seine Aufgabe, sich um jeden einzelnen Projektmitarbeiter zu kümmern?

Wie kann es sein, dass ihn plötzlich einige seiner Projektmitarbeiter so im Stich lassen?

Im Eingangskapitel und im Kapitel zu den Instrumenten des Projektmanagements wurde bereits kurz auf das Thema Führung eingegangen. Wir wollen uns nun mit der Frage beschäftigen, wie viel und welche Art der Führung im Projekt notwendig ist, damit es erfolgreich zu Ende geführt werden kann.

Man kann auf verschiedene Weise führen. Sicher haben Sie im beruflichen Alltag schon die unterschiedlichsten Vorgesetzten erlebt und somit auch die verschiedensten Führungsstile kennen gelernt. Jeder Führungsstil hat Vor- und Nachteile, jeder verfolgt andere Ziele. Bevor man sich also mit den einzelnen Führungsaufgaben beschäftigt, sollte man sich darüber im Klaren sein, welchen Führungsstil man überhaupt verfolgen will.

Welche Führungsstile gibt es eigentlich?

Die Art eines Führungsstils hängt davon ab, wie stark Mitarbeiter in Entscheidungen eingebunden sind und wie die inhaltliche Arbeit ausgestaltet ist. Als Extrempunkte sind der autoritäre und der demokratische Führungsstil zu sehen. Zusätzlich sind verschiedene Mischformen möglich.

Führungsstile

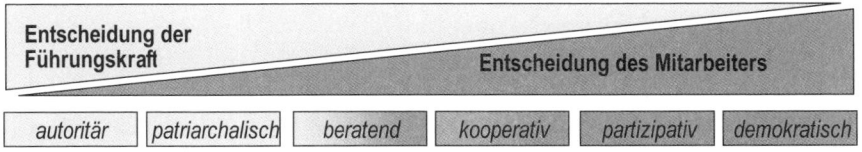

▪ Autoritärer Führungsstil

Beim autoritären Führungsstil liegt die Entscheidungskompetenz allein bei der Führungskraft. Diese legt fest, welche Aufgaben in welcher Form bearbeitet werden sollen und ordnet dies an. Vorteil dieses Führungsstils ist, dass die Führungskraft die vollständige Kontrolle über die Arbeitsprozesse und -ergebnisse hat.

Der Nachteil liegt dagegen darin, dass die Mitarbeiter lediglich Ausführende sind und wenig zum Mitdenken animiert werden. Der Kontrollaufwand ist immens hoch. Die Mitarbeiter werden sich zudem nur wenig mit ihrer Arbeit identifizieren. Dieser Führungsstil ist also nur dann einzusetzen, wenn die Mitarbeiter lediglich Ausführende sein müssen und es wenig Diskussionsspielraum gibt (z. B. durch enge rechtliche Rahmenbedingungen). Er empfiehlt sich, wenn eine Einbeziehung der Mitarbeiter aufgrund ihrer Kompetenz und ihres Potenzials keinerlei Sinn ergeben würde. Das ist aber nur selten der Fall.

NICHT ZU EMPFEHLEN
Für den Projektmanager ist dieser Führungsstil sehr ungeeignet. Die Neuartigkeit der Projektaufgabe macht es erforderlich, dass jeder Einzelne mitdenkt und hilft Lösungen zu finden. In den meisten Projekten werden Projektmitarbeiter gerade danach ausgesucht, welchen inhaltlichen Input sie geben können. Da in vielen Fällen auch ein erhöhter Arbeitsaufwand mit der Projektarbeit verbunden ist, wäre es darüber hinaus förderlich, wenn die Mitarbeiter ein hohes Maß an Identifikation mit dem Projekt zeigten.

Patriarchalischer Führungsstil

Hier entscheidet die Führungskraft zwar über die Aufgaben der Mitarbeiter, ist aber bestrebt, sie im Vorfeld von der Richtigkeit ihrer Entscheidungen zu überzeugen. Die Mitarbeiter haben keinerlei Einfluss auf Entscheidungen. Da die Führungskraft den Mitarbeitern den Sinn der Entscheidungen zu vermitteln versucht, wird eine höhere Akzeptanz und eventuell sogar Identifikation mit den Aufgaben erreicht. Die Kompetenz und die Kreativität der Mitarbeiter werden aber auch hier nicht genutzt.

Für Projektleiter ungeeignet

Auch dieser Führungsstil ist nur in den seltensten Fällen für die Projektarbeit sinnvoll. Er setzt voraus, dass die Führungskraft allein die Lösung des fachlichen Problems vornehmen kann. Wie bereits beschrieben ist dies nur selten der Fall. Zudem besteht weiterhin die Gefahr, dass die Mitarbeiter sich nur wenig mit ihrer eigenen Arbeit identifizieren.

Beratender Führungsstil

Auch in diesem Führungsstil trifft die Führungskraft Entscheidungen allein. Die Mitarbeiter bekommen zwar Gelegenheit kritische Nachfragen zu stellen, werden aber weiterhin nicht in die Entscheidungsfindung eingebunden. Die Diskussionsbereitschaft der Führungskraft dient hauptsächlich dazu, die Akzeptanz der Entscheidung durch die Mitarbeiter zu erhöhen. Die Führungskraft tritt sehr bestimmend auf und will ihre Entscheidungen durchsetzen. Die Anmerkungen der Mitarbeiter können dementsprechend nur in folgende Entscheidungen einfließen, nicht in die aktuelle. Mit diesem Führungsstil nutzt jedoch die Führungskraft zum ersten Mal auch das Potenzial der Mitarbeiter.

Nur scheinbare Mitbestimmung

Der Projektmanager kann diesen Führungsstil dann anwenden, wenn er eine Beteiligung der Mitarbeiter pro forma ermöglichen will, die Entscheidung aber nicht mehr veränderbar ist. In dieser Absicht geführte Diskussionen können je nach Mitarbeitertyp sehr schwierig sein.

Kooperativer Führungsstil

Dieser Führungsstil gibt den Mitarbeitern ein wirkliches Mitspracherecht. Die Führungskraft holt sich die Meinung der Mitarbeiter ein und trifft erst dann ihre Entscheidung. Die Führungskraft behält sich selbst dabei immer vor, die Entscheidung unabhängig zu treffen. Sie nutzt aber das Wissen und die Ideen der Mitarbeiter. Entspricht die Entscheidung den Vorstellungen der Mitarbeiter, ist eine hohe Akzeptanz und Identifikation zu erwarten. Tut sie dies nicht, werden die Mitarbeiter in den meisten Fällen eine Erklärung verlangen.

Sie profitieren von der Meinung anderer

Für die Arbeit in Projekten ist dieser Führungsstil schon eher von Nutzen. Der Projektleiter ist darauf angewiesen, dass ihm die zuarbeitenden Fachleute wichtige Informationen und Vorschläge liefern. Nur dann kann er gute Entscheidungen treffen. Außerdem bringt er mit diesem Verhalten die Wertschätzung seines Teams zum Ausdruck. Das erhöht die Motivation.

Partizipativer Führungsstil

Die Einbindung der Mitarbeiter geht hier noch weiter. Sie entwickeln Vorschläge, wie die Lösung eines Problems aussehen könnte. Die Führungskraft entscheidet sich dann für einen dieser Vorschläge. Damit beschränkt sich die Führungskraft natürlich deutlich in ihrer Entscheidungsfreiheit. Liegt keine der vorgeschlagenen Ideen innerhalb der Vorstellungen der Führungskraft, muss sie sich dennoch für eine davon entscheiden. Die Führungskraft setzt hier viel Vertrauen in die Fähigkeiten der Mitarbeiter. Dieser Führungsstil ist daher nur sinnvoll, wenn die Mitarbeiter über genauso viel Kompetenzen im diskutierten Bereich verfügen wie die Führungskraft. Zudem müssen die Mitarbeiter die gleiche Zielstellung verfolgen wie die Führungskraft.

Das Potenzial der Mitarbeiter ausschöpfen

Für die Projektarbeit ist dieser Führungsstil von Vorteil. Beispielsweise kann es Teilprojekte geben, in denen die Mitarbeiter über ähnlich hohe oder höhere Kompetenzen verfügen wie die Führungskraft. Es lohnt sich dann die Mitarbeiter eine Lösung erarbeiten zu lassen. Das entlastet nicht nur den Projektmanager von seiner inhaltlichen Arbeit, sondern führt darüber hinaus zu einer hohen Identifikation mit den getroffenen Entscheidungen.

Demokratischer Führungsstil

Hier überlässt die Führungskraft den Mitarbeitern die Entscheidungsfindung vollständig. Sie übernimmt lediglich die Moderation des Prozesses, ohne sich inhaltlich einzumischen. Das Problem wird den Mitarbeitern geschildert und der Entscheidungsspielraum festgelegt, innerhalb dessen sich die Lösung bewegen muss (z. B. Budgetrahmen). Die Führungskraft verlässt sich vollkommen auf die Kompetenz der Mitarbeiter. Im Grunde verliert sie damit in weiten Teilen den Einfluss auf die inhaltliche Ausgestaltung des Prozesses. Voraussetzung für dieses Vorgehen ist eine ausgesprochen hohe Fachkompetenz der Mitarbeiter. Dafür identifizieren sich die Mitarbeiter dann aber auch in besonders hohem Maße mit der Entscheidung.

Für sehr umfangreiche Projekte geeignet

Der Projektmanager wird in einigen Teilen seines Projektes gezwungen sein, diesen Führungsstil zu wählen. Je umfangreicher das Projekt, desto größer die Wahrscheinlichkeit, dass er sich fachlich nicht mehr einbringen kann.

Die Qual der Wahl

Es gibt also nicht den einen richtigen Führungsstil. Idealerweise ist der Projektmanager fähig, seinen Führungsstil der Situation anzupassen. Dabei setzt sich die „Situation" aus mehreren Faktoren zusammen:

> **Die Wahl des Führungsstils hängt ab von:**
> - der Kompetenz und dem Engagement der Mitarbeiter
> - den äußeren Rahmenbedingungen
> - der persönlichen Präferenz/Persönlichkeit des Projektmanagers

Kompetenz und Engagement der Mitarbeiter

Je mehr man seine Mitarbeiter in Entscheidungen einbinden will, desto kompetenter und engagierter müssen sie sein. Man stelle sich vor, Auszubildende müssten in ihrem ersten Ausbildungsjahr allein eine neue Unternehmensstrategie entwickeln. So hoch auch ihre Motivation und ihr Engagement sein werden, so fehlt ihnen doch in vielen Bereichen noch die Fähigkeit, die Gesamtzusammenhänge zu verstehen. Dieses Problem mit einem demokratischen Führungsstil zu lösen, wäre sicherlich eine Überforderung. Aber warum nicht einen kooperativen Prozess starten, in dem die Auszubildenden ihre Meinung zu diesem Problem beisteuern können.

Oder ein anderes Beispiel: Langjährige und erfahrene Mitarbeiter werden gebeten, eine neue Unternehmensorganisation zu erarbeiten. Sie haben aber keinerlei Interesse daran, die bisher funktionierende Ordnung zu verändern. Auch in diesem Fall wird der demokratische Führungsstil nicht das gewünschte Ergebnis bringen. Durch einen kooperativen oder partizipativen Führungsstil kann aber deren Interesse geweckt werden.

Äußere Rahmenbedingungen

Je mehr Zeit für eine Entscheidung zu Verfügung steht und je weiter die Rahmenbedingungen gesteckt sind, desto mehr Einbindung in Entscheidungen ist möglich. In Notsituationen, die keinerlei zeitlichen Spielraum für Diskussionen lassen, muss teilweise der autoritäre Führungsstil eingesetzt werden. Lassen z. B. die rechtlichen oder finanziellen Rahmenbedingungen keinen Entscheidungsspielraum zu, so kann zumindest der beratende Führungsstil eingesetzt werden. Die Führungskraft kann sich der kritischen Diskussion stellen, um wenigstens ein Mindestmaß an Akzeptanz bei den Mitarbeitern zu erreichen.

Persönliche Präferenz/Persönlichkeit des Projektmanagers

Ideal wäre, wenn man die verschiedenen Führungsstile so einsetzen könnte wie ein Pianist die Tasten seines Flügels. Das ist aber nur selten der Fall. Sowohl persönliche Erfahrungen als auch die eigene Persönlichkeit schränken in den meisten Fällen die Variabilität ein. Um einen autoritären Führungsstil umzusetzen, braucht man genügend Durchsetzungskraft und eine gute Portion Individualismus. Denn man muss auch mit den Konsequenzen (wenig Engagement der Mitarbeiter, evtl. eher Antipathie) leben können. Will man partizipativ oder demokratisch führen, benötigt man die Fähigkeit loslassen zu können und anderen zu vertrauen. Auch das fällt nicht jedem leicht.

WELCHER STIL PASST ZU IHNEN UND IHRER AUFGABE?
Machen Sie sich Gedanken über Ihren eigenen Führungsstil. Welchen Stil präferieren Sie grundsätzlich? Welche Vor- und Nachteile, welche Chancen und Risiken birgt dieser in sich? In welchen Situationen sollten Sie eher zu einem anderen Führungsstil greifen? Welcher Führungsstil führt mich zu meinem Ziel? Welchen Führungsstil brauchen meine Mitarbeiter? Manchmal kann man auch die Frage stellen: Welche Mitarbeiter brauche ich für meinen Führungsstil?

Welche Ziele hat die Mitarbeiterführung?

Orientiert man sich am Ablauf eines Projektes, so besteht das erste Ziel darin, ein Team auszuwählen bzw. aus den bereits ausgewählten Mitarbeitern ein Team zu formen. Erst dann sollte die inhaltliche Aufgabe beginnen. Ziel der Führung ist es, die Arbeit der Mitarbeiter zu steuern und zu kontrollieren. Im Laufe des Projektes wird die Motivation und die Förderung der Mitarbeiter als Führungsziel immer wichtiger.

> **Ziele der Mitarbeiterführung:**
> - Teambuilding
> - Mitarbeitersteuerung und -kontrolle
> - Mitarbeitermotivation
> - Mitarbeiterförderung

So holen Sie die richtigen Leute an Bord

Ein Team bilden und Teambuilding sind zweierlei Dinge. Wie bereits erwähnt, ist es dem Projektmanager nicht immer vergönnt, sich sein Team selbst zusammenzustellen. Häufig werden ihm entweder vom Auftraggeber oder von den beteiligten Unternehmensbereichen Mitarbeiter „zur Verfügung gestellt".

Hat man als Projektmanager jedoch das Glück, sein Team selbst zusammenstellen zu können, so gibt es zwei wichtige Kriterien, nach denen man auswählen sollte: die Fachkompetenz und Persönlichkeit des Projektmitarbeiters.

WELCHE FACHKOMPETENZ BRINGT DER MITARBEITER EIN?

Nachdem Sie die inhaltlichen Schwerpunkte in einem Grobkonzept strukturiert haben, sollten Sie zuerst kritisch hinterfragen, welches Fachwissen für die einzelnen Arbeitsschritte des Projektes in welchem Umfang notwendig ist. Überlegen Sie dann ehrlich, über welche Fachkompetenzen Sie selbst als Projektmanager verfügen und welche Sie sich dazuholen müssen. Dabei sollten Sie unabhängig von Personen planen, sondern erst einmal ein Mengengerüst aufstellen, welche Fachkompetenz in welchem Umfang für das Projekt gebraucht wird. Erst im zweiten Schritt denken Sie darüber nach, welche Personen diese Anforderungen erfüllen.

WELCHE PERSÖNLICHKEIT IST GEFRAGT?

Für die unterschiedlichen Aufgaben in einem Projekt braucht man unterschiedliche Typen von Mitarbeitern. Für eine Ist-Analyse, die hauptsächlich aus Dokumentenanalyse besteht, benötigt man eher einen ruhigen, gewissenhaften Mitarbeiter. Um neue Ideen zu entwickeln dagegen eher jemanden, der kreativ und offen für Neues ist. Man könnte nun Assessment-Center und psychologische Tests durchführen oder sich mit den infrage kommenden Personen zwei Wochen in einem Raum einsperren lassen, um eine möglichst genaue Vorstellung von ihnen zu bekommen. Wir stellen Ihnen ein Modell vor, das eine einfache, aber natürlich nicht vollständige Typisierung von Mitarbeitern ermöglicht und Ihnen die Entscheidung erleichtern wird.

Dieses Modell der Team-Rollen geht davon aus, dass man Personen im Wesentlichen durch zwei bipolare Dimensionen beschreiben kann.

So holen Sie die richtigen Leute an Bord 145

> **Dimensionen zur Mitarbeitertypisierung:**
> - Bewahrer versus Neuerer
> - Denker versus Macher

Manche Menschen bewahren Dinge lieber als sie zu ändern. Andere tendieren eher zur Erneuerung. Außerdem gibt es Typen, die alles genau durchdenken und analysieren, und solche, die lieber etwas bewegen und in die Tat umsetzen. Für die Zusammenarbeit in einem Team sind das zwei wesentliche Unterscheidungsmerkmale. Kreuzt man die verschiedenen Merkmalskombinationen miteinander, entstehen acht Mischtypen.

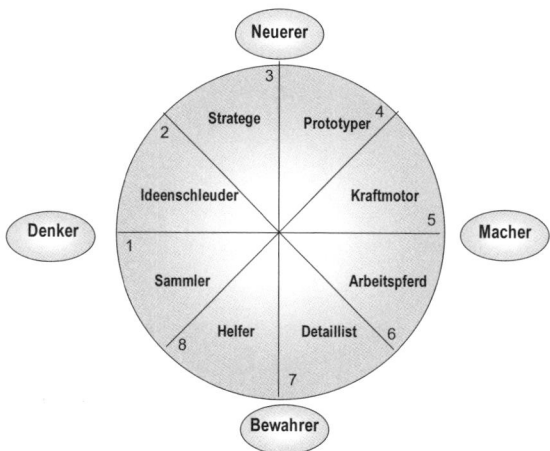

Der Sammler ist prädestiniert für Aufgaben, die den Umgang mit bekannten Materialien zum Inhalt haben. Er kann z. B. bei einer Ist-Analyse Informationen zusammentragen und strukturieren.

Die **Ideenschleuder** ist ideal für Brainstorming-Prozesse. Dieser Mensch produziert am laufenden Band neue Ideen, kann sie aber nicht gut umsetzen.

Der **Stratege** geht da schon etwas strukturierter vor. Er entwickelt wohl durchdachte, neue Ideen, die schon eher in die Richtung einer Umsetzung tendieren. Er ist in einer konkreteren Phase der Konzeptentwicklung gut einsetzbar.

Der **Prototyper** geht noch etwas pragmatischer, weniger visionär vor. Seine neuen Ideen sind bereits an der Umsetzbarkeit orientiert. Er hat vor allem Interesse an praktischen Neuerungen. Er macht aus den Konzepten greifbare Ergebnisse.

Der **Kraftmotor** will hauptsächlich bewegen. Häufig geht er dabei unkoordiniert und unstrukturiert vor, aber er kann Prozesse vorantreiben und auch inhaltlich gestalten.

Das **Arbeitstier** ist ein umsetzungsorientierter Mensch, der eher ausführt, weniger eigene Gedanken einbringt. Dieser Mensch ist nicht daran interessiert, Neues zu generieren, er will einfach nur etwas bewegen.

Der **Detaillist** will zwar Dinge umsetzen, ist dabei aber sehr genau und weicht nur ungern von bekannten Wegen ab. Er neigt dazu, sich in Bedenken zu verlieren.

Der **Helfer** bringt wenig eigene Ideen ein, kann aber Aufgaben gut ausführen. Er ist nicht so hitzköpfig wie das Arbeitstier, bringt dementsprechend aber auch weniger eigene Anregungen ein.

Sicherlich gibt es in Ihrem Umfeld wiederum Mischformen dieser Mischtypen. Dennoch kann dieses Modell Ihnen helfen, die passenden Mitarbeiter für Ihr Team zu finden.

VOM TEAM BILDEN ZUM TEAMBUILDING

Jetzt müssen Sie aus den ausgewählten Einzelpersonen ein Team formen. Mancher mag sich an dieser Stelle fragen, ob es nicht reicht, dass alle zu einem Projektteam gehören. Die Antwort lautet: „Nein, es reicht nicht!" Diese Einzelpersonen sollen alle mit ihrer Arbeit zu einem Gesamtziel beitragen. Sie werden dies umso intensiver tun, je mehr sie sich auch als ein Gesamtteam verstehen und wissen, welche inhaltlichen und persönlichen Abhängigkeiten es im Team gibt.

Für ein erfolgreiches Teambuilding ist es entscheidend, die einzelnen Personen für das neue Ziel zu begeistern und aufeinander einzuschwören. Durch ein intensives Teamgefühl wird sowohl die offizielle als auch die inoffizielle Kommunikation zwischen den einzelnen Teammitgliedern intensiviert. Das Team identifiziert sich mit einem gemeinsamen Ziel. Man wird sich gegenseitig unterstützen. Den Prozess des Teambuildings kann man auf unterschiedliche Arten und Weisen forcieren. Vor allem intensive gemeinsame Erfahrungen fördern ein Teamgefühl. Ziel des Teambuildings im Projektzusammenhang sollte vor allem sein, ein Wir-Gefühl herzustellen nach dem Motto: „Gemeinsam können wir das Ziel errreichen!" Dazu ist es wichtig, dass die einzelnen Mitarbeiter verstehen, was ihr eigener, persönlicher Beitrag zum „großen Ganzen" ist. Nur so identifizieren Sie sich mit dem Ziel. Als nächstes muss jedem Mitarbeiter klar sein, welchen Beitrag die anderen Teammitglieder jeweils liefern und wo es Schnittstellen oder Gemeinsamkeiten gibt.

Als Projektmanager sollten Sie für diesen Prozess Zeit einplanen. Je nach Umfang des Projektes können Sie einen halben bis zwei Tage darauf verwenden, die Teammitglieder zusammenzuführen. Unterstützen Sie den Prozess, indem Sie die Abhängigkeiten und Gemeinsamkeiten untereinander visualisieren.

Nachdem man auf der inhaltlichen Ebene geklärt hat, wie die Zusammenarbeit aussehen wird, sollte man sich auch mit der Zusammenarbeit auf der zwischenmenschlichen Ebene beschäftigen. Diese Phase des Teambuilding soll möglichen Konflikten vorbeugen. Ein Projekt macht die Zusammenarbeit von Menschen aus unterschiedlichen Fachgebieten mit unterschiedlichen Kenntnissen und unterschiedlichen Sprech- und Denkgewohnheiten erforderlich[10]. Dadurch sind Konflikte eher vorprogrammiert als in Teams aus einem Unternehmensbereich, in dem sich

---

[10] Kellner, Hedwig; „Ganz nach oben durch Projektmanagement"; Hanser Verlag, München 2000

bereits eine gemeinsame Sprache entwickelt hat. Ergebnis dieses Prozesses sind Regeln der Zusammenarbeit, die für alle verbindlich sind. Die folgenden Regeln können Ihnen als Beispiele dienen. Jedes Team braucht aber seine eigenen, selbst formulierten Regeln.

> **Regeln für die Zusammenarbeit:**
> - Wir fühlen uns alle für den Gesamterfolg des Projektes verantwortlich.
> - Wir halten uns an Vereinbarungen und Regelungen innerhalb des Projektes.
> - Wir sprechen mögliche Probleme sofort an, wenn wir sie erkennen.
> - Wir akzeptieren Fehler, lernen daraus und versuchen nicht sie zu vertuschen.
> - Wir akzeptieren unsere gegenseitigen Kompetenzen und Verantwortlichkeit.
> - Wir treffen Entscheidungen im Sinne des Projektes, nicht im Sinne einzelner Personen.

Wie Sie Mitarbeiter steuern und kontrollieren

Das offensichtlichste Ziel der Mitarbeiterführung in einem Projekt besteht darin, die Durchführung der fachlichen Aufgaben zu koordinieren, zu steuern und zu kontrollieren. „Wer macht was bis wann?", diese Frage fasst in Kürze zusammen, worauf es ankommt. Dabei ist es nicht nur wichtig, die Verantwortlichkeiten festzulegen, die Kontrolle sollte einen ebenso großen Stellenwert haben.

Für den Projektmanager unterscheidet sich diese Aufgabe nur wenig von der einer „normalen" Führungskraft. Aus den bereits vorgestellten Instrumenten des Projektmanagements geht bereits hervor, wie die Steuerung des Projektes und damit der Aufgaben vorgenommen werden kann. Diese Instrumente bilden damit einen guten Ausgangspunkt für die Wahrnehmung dieser Führungsaufgabe. Durch die Anwendung der Planungsinstrumente kann der Projektmanager genau festlegen, welcher Mitarbeiter welche Verantwortung übertragen bekommt. Die Zeitplanung bietet einen guten Überblick über die notwendigen Termine zur Fertigstellung der Aufgaben. Häufig ist es in einem Projekt sogar noch besser möglich als im klassischen Tagesgeschäft, die Aufgaben eines Mitarbeiters klar zu umreißen. Die Controlling-Instrumente des Projektmanagements bieten darüber hinaus die Möglichkeit, die Tätigkeitenkontrolle der Projektmitarbeiter zu systematisieren.

Leitung von Besprechungen

Eine spezielle Aufgabe des Projektmanagers, die in den Bereich Steuerung und Kontrolle fällt, ist die Leitung von Besprechungen. Eine effektive und effiziente Besprechung durchzuführen ist eine Kunst, die nur wenige Menschen beherrschen. Jeder kennt die stundenlangen Besprechungen, die meist ohne greifbares Ergebnis enden. Der Projektmanager sollte es sich von Anfang an zum Ziel setzen, in den Projektbesprechungen alle Mitarbeiter über den Projektstatus zu informieren, Probleme aufzugreifen und klare Verantwortliche für die Problemlösung zu definieren. Das funktioniert nur mit einer guten Besprechungsvorbereitung, einer straffen und organisierten Durchführung sowie einem klaren Abschluss.

Bereiten Sie sich unbedingt vor

Zur Vorbereitung einer Projektbesprechung gehört, alle Teilnehmer über die Inhalte der Sitzung und den jeweils von ihnen erwarteten Input zu informieren. Eine vorab versendete Agenda ist Pflicht für eine effektive Besprechung. Diese Agenda enthält nicht nur eine Startzeit, sondern auch eine Endzeit der Besprechung. Jedem Teilnehmer sollte die Möglichkeit offen stehen, zusätzliche Tagesordnungspunkte zu melden. Darüber hinaus kann es in Einzelfällen ratsam sein, mit den Teilnehmern, von denen ein Input erwartet wird, vorher persönlich zu sprechen. Damit stellen Sie sicher, dass der Input auch die notwendige Qualität hat. Um dem Moderator der Besprechung die Steuerung zu erleichtern, ist es sinnvoll, allen Tagesordnungspunkten einen ungefähren Zeitbedarf zuzuteilen. Dadurch können entstehende Diskussionen gestrafft und die Ergebnisorientierung gefördert werden. Eine weitere

Vereinbarung sollte lauten, dass ein Fehlen bei der Besprechung beim Projektmanager gemeldet werden muss und ggf. ein Vertreter an der Besprechung teilnehmen sollte.

Datum: Ort: Zeit:	Teilnehmer:	Infokopie an:

Priorität: A B C	Themen	Ziel	Vortragender	Zeit (Min.)

Zur Vorbereitung einer Besprechung gehört auch, dass Sie einen angemessenen Raum und die benötigten Materialien bereitstellen (Filpchart, Overhead-Projektor, Beamer etc.) sowie Getränke und Speisen (falls es länger dauert). Der Moderator der Besprechung sollte frühzeitig vor Beginn die Technik kontrollieren, damit keine unnötigen Zeitverzögerungen wegen fehlender Kabel oder defekter Geräte entstehen. Schließlich ist es sinnvoll, bereits vor Beginn der Besprechung einen Protokollanten festzulegen.

WAS SOLL AUF DIE TAGESORDNUNG?

In vielen Projekten kristallisiert sich schnell eine immer wiederkehrende Liste von Tagesordnungspunkten heraus. So ist eine kurze Darstellung des aktuellen Projekt- und/oder Teilprojektstands anhand der Projektplanung meist obligatorisch. Hier sollte jeder Projektteilnehmer wissen, welche konkrete Information von ihm erwartet wird. Eine Standardisierung dieses Tagesordnungspunktes hilft bei der effektiven Steuerung der Besprechung. Auch die Abfolge der Protokollierung kann standardisiert werden. So entstehen keine unnötigen Diskussionen über diese unbeliebte Aufgabe. Übrigens: Auch die Moderation der Besprechung muss nicht immer vom Projektmanager übernommen werden. Ein Wechsel ist zum einen belebend, zum anderen unterstützt es die weitere Identifikation mit den Ergebnissen der Besprechung.

TIPPS FÜR MEHR EFFIZIENZ
Wie können Sie sicherstellen, dass Ihre Besprechung effizient abläuft?

- Beginnen Sie Besprechungen pünktlich, auch wenn noch nicht alle da sind! Entsteht erst der Eindruck, dass man ja eh nicht pünktlich kommen muss, weil meistens erst zehn Minuten später begonnen wird, schiebt sich der Start einer Besprechung im Laufe des Projektes immer weiter nach hinten. Eröffnen Sie mit einer eher offiziellen Formulierung die Sitzung, um allen Teilnehmern ein klares Startsignal zu geben.
- Für alle Sitzungen gilt: Handy, Pieper und Ähnliches ausschalten! Es gibt immer Ausnahmefälle. Diese sollten aber vorher angekündigt werden.
- Niemand verlässt ohne guten Grund eine Besprechung! Fragen Sie zu Beginn in die Runde, ob alle Teilnehmer sich den geplanten Zeitraum freigehalten haben.
- Moderieren Sie die einzelnen Tagesordnungspunkte an, um die Diskussion zu strukturieren.
- Neigt eine Gruppe zu besonders hitzigen Diskussionen, führen Sie eine Wortmeldungsliste und erteilen das Wort.
- Verzettelt sich die Gruppe in einer Diskussion, können Sie die einzelnen Argumente z. B. an einem Flipchart visualisieren und so dazu beitragen, dass sich Wortbeiträge nicht ständig wiederholen.
- Als Moderator lassen Sie zwar die einzelnen Tagesordnungspunkte ausreichend besprechen, wirken aber auf ein klares Ergebnis (einen Beschluss oder ein Todo) hin! In kritischen Situationen kann es sinnvoll sein diese Ergebnisse für alle sichtbar am Flipchart, auf einer Folie oder über Beamer festzuhalten. Man vermeidet damit nachträgliche Veränderungen am Protokoll.

Lassen Sie immer ein Protokoll führen

Generell sollte in jeder Besprechung ein Protokoll geführt werden. In den seltensten Fällen ist ein detailliertes Verlaufsprotokoll von Nöten. Meist reicht ein klares Ergebnisprotokoll, in dem anstehende Aufgaben und Verantwortlichkeiten festgehalten werden („wer macht was bis wann?"). Auch offene Punkte, die zu einem späteren Zeitpunkt noch einmal angesprochen werden müssen, gehören in ein Ergebnisprotokoll. Bleibt das Protokoll in diesem überschaubaren Umfang, kann es zum einen schnell erstellt werden (höchstens ein bis zwei Tage nach der Besprechung versenden) und wird zum anderen auch gelesen. Werden Aufgaben an nicht anwesende Personen verteilt, reicht es nicht aus, diese über das Protokoll zu informieren. In solchen Fällen sollte jemand bestimmt werden, der diese Person persönlich auf den aktuellen Stand bringt.

Die angenehme Kontrolle

Kontrolle – das klingt nach Härte. Eine „angenehme", aber effiziente Form der Kontrolle zu finden ist also eine wichtige Aufgabe. Kontrolle wird dann unerträglich, wenn sie als „Suche nach Fehlern" wahrgenommen wird. Es gibt diese Chefs, die es immer wieder schaffen, genau den wunden Punkt zu finden, indem sie sehr geschickt nachfragen. Wenn ein solcher Chef in der Tür steht, fühlt man sich sofort unwohl. Mancher mag sogar Angst empfinden. Der Projektmanager sollte sich selbst darüber im Klaren sein, was er mit seiner Kontrolle bewirken will. Im Vordergrund sollte das Projekt und die Erreichung des Projektziels stehen. Folglich sollte Kontrolle so eingesetzt werden, dass sie Problemen im Projekt vorbeugt und nicht nur reaktiv ist. Für den Projektmanager heißt das frühzeitig auf seine Mitarbeiter zuzugehen. Probleme entstehen nicht erst, wenn ein bestimmter Termin nicht eingehalten wird, sondern zeichnen sich häufig schon früher ab. Je näher man an seinen Mitarbeiter „dran ist", auch mal zwischen Tür und Angel nachfragt, wie es läuft, und seine Unterstützung anbietet, umso früher kann man Probleme erkennen und umso angenehmer wird Kontrolle empfunden.

SO BEENDEN SIE DIE BESPRECHUNG

Am Ende der Besprechung fragen Sie immer, ob es noch offene Punkte gibt. Dann erfolgt eine Zusammenfassung der Ergebnisse, die im Protokoll festgehalten wurden. Auch wenn die Besprechung in einem regelmäßigen Abstand stattfindet, schließt sich der Hinweis auf den nächsten Termin an. Die Besprechung ist dann vorbei, wenn der Moderator sie offiziell beendet.

Sind Besprechungen auch als Forum für die Entwicklung von Problemlösungen geplant, empfiehlt es sich, professionelle Moderationstechniken in einem Seminar zu erlernen. Hier lernt man auch weitere Tricks und Tipps, z. B. für den Umgang mit schwierigen Teilnehmern.

Motivieren – wie geht das?

Motivation ist ein Thema, über das viel geredet und geschrieben wird. Da gibt es die unterschiedlichsten Ansätze dazu, wieviel Motivation gut ist und welche Verantwortung das Unternehmen und die Führungskräfte haben. Für die Projektarbeit spielt Motivation eine immens wichtige Rolle.

Das Thema der Freistellung haben wir ja schon mehrfach angesprochen. Auch auf die Motivationsaufgabe des Projektmanagers hat die Freistellung einen wesentlichen Einfluss. Je größer die Arbeitsbelastung ist, desto wichtiger ist eine hohe Motivation. Müssen die Projektmitarbeiter die Projektarbeit zuätzlich oder parallel zum Tagesgeschäft erledigen, ist eine hohe Arbeitsbelastung kaum zu vermeiden. Wenig motivierte Mitarbeiter könnte man immer noch über Druck führen. Grundsätzlich bringt dieses Vorgehen aber nur kurzfristig den gewünschten Effekt.

MOTIVATOREN IM BERUFSALLTAG

Es gibt unterschiedliche Möglichkeiten, einen Mitarbeiter zu motivieren. Jede Person reagiert auf andere so genannte Motivatoren. Maslow[11]

---

[11] Maslow, A.; "Motivation and personality"; 3rd Ed.; Longman, 1987

erarbeitete eine Bedürfnispyramide, die von dem Ansatz ausgeht, dass die für eine Person wichtigen Motivatoren von der Befriedigung der menschlichen Grundbedürfnisse abhängen. Die Bedürfnispyramide nach Maslow ist ein Modell, um die Unterschiedlichkeit der menschlichen Bedürfnisse und Motivation zu erläutern. Ähnlich wie das bereits vorgestellte Typen-Modell, soll es lediglich eine Orientierung bieten.

Demnach will der Mensch zuallererst **materielle Bedürfnisse** wie Nahrung, Unterkunft usw. befriedigen. Also Dinge, die das Überleben erst möglich machen. In den meisten westlichen Gesellschaften ist dieses Grundbedürfnis gesichert, sodass es im beruflichen Alltag wenig Relevanz besitzt. Im weiteren Sinne können aber auch der Verdienst und die Ausstattung des persönlichen Arbeitsumfelds dazugezählt werden.

Auf der nächsten Stufe steht das Bedürfnis nach **Sicherheit**. Hier geht es in unserer Gesellschaft nicht mehr um die Absicherung des täglichen Überlebens, sondern um eine längerfristige Sicherheit. Auch die Sicherheit des eigenen Arbeitsplatzes spielt dabei eine Rolle. Der Verdienst bietet ebenfalls einen Beitrag zu diesem Grundbedürfnis.

Erst wenn diese Bedürfnisse gedeckt sind, tritt im Menschen das Bedürfnis nach **sozialen Beziehungen** auf. Auf dieser Stufe spielt Liebe und Zuneigung eine wichtige Rolle. Diese Aufgabe ist ebenfalls nicht im beruflichen Zusammenhang zu sehen. Aber ein Unternehmen und auch ein Projekt stellen eine Anhäufung sozialer Beziehungen dar, sodass wiederum Einflussmöglichkeiten für das Unternehmen auf dieser Stufe gegeben sind. Angenehme Arbeitsbeziehungen unterstützen die Befriedigung dieses Bedürfnisses.

Eine weitere Ebene der Maslwoschen Pyramide bildet die **soziale Anerkennung**. Erfolg haben, bewundert werden, Statussymbole, Lob sind wichtige Faktoren der sozialen Anerkennung. Diese können vom Projektmanager bewusst beeinflusst und eingesetzt werden und bedeuten einen Großteil der Führungsaufgabe Motivation.

Besitzt der Mensch genügend soziale Anerkennung, nimmt als nächstes die **Selbstwirksamkeit** einen wichtigen Platz im Leben ein. Das eigene Leben beeinflussen können – auch das Berufsleben – befriedigt dieses Bedürfnis. Entscheidungsfreiräume, Mitgestaltung und Einbindung sind Facetten der Führung, mit denen die Selbstwirksamkeit beeinflusst wird. Auf diese Punkte wurde bereits im Zusammenhang mit den Führungsstilen eingegangen.

Die höchste Stufe der Bedürfnispyramide nach Maslow bildet die **Selbstverwirklichung**. Die Erfüllung der eigenen Träume ist hiermit gemeint. Manche sehen ihre Selbstverwirklichung darin, bestimmte Aufgaben im Unternehmen zu übernehmen, beispielsweise solche mit mehr Verantwortung. Andere träumen davon, ein halbes Jahr durch Australien zu reisen. Mit dem Modell des Sabbaticals ist diese Möglichkeit gegeben. Ein Unternehmen, das generell Perspektiven zur Weiterentwicklung anbietet, kann wesentlich dazu beitragen, die Bedürfnisse dieser Stufe zu erfüllen.

Es gibt also verschiedene Facetten der Befriedigung von Bedürfnissen. Jedes befriedigte Bedürfnis motiviert den Mitarbeiter, sich einzubringen und gute Leistungen zu zeigen. Die folgende Tabelle zeigt die verschiedenen Möglichkeiten für Projektmanager und Unternehmen, die Mitarbeiter zu motivieren.

Beispiele für Motivatoren im Projekt

Bedürfnisstufe	Projektmanager	Unternehmen
Materielle Bedürfnisse	Arbeitsmaterialien Ausstattung	Verdienst
Sicherheit	Klare Aufgaben Offene Fehlerkultur	Verdienst Arbeitsplatzsicherheit
Soziale Beziehungen	Arbeitsklima Pers. Kontakt zum Projektmanager	Unternehmenskultur
Soziale Anerkennung	Lob/Wertschätzung Erfolge anerkennen und kommunizieren Verantwortung Fairness	Beförderung Statussymbole (Handy, PKW ...)

Selbstwirksamkeit	Entscheidungsspielraum	Personalentwicklung
	Handlungsfreiheit	Karriereperspektiven
	Einbindung	
	Flexible Arbeitsmodelle	
Selbstverwirklichung	Perspektiven bieten	Personalentwicklung
	Neue Aufgaben	Karrierepersektiven
		Sonderleistungen (z. B. Sabbatical)

WIE MOTIVIERT MAN?

Motivation entsteht nicht, indem man montags immer lobt, alle zwei Jahre eine Gehaltserhöhung zugesteht und ab und zu einen Mitarbeiter in eine interessante Aufgabe einbindet. Der Einsatz von Motivatoren muss gezielt und individuell erfolgen.

Als Projektmanager sollte man dafür sorgen, dass die ersten drei Ebenen der Bedürfnispyramide im Projektumfeld abgesichert sind. Die Arbeitsplätze der Projektmitarbeiter sollten angemessen ausgestattet sein. Die Arbeitsbelastung der Mitarbeiter muss in Einklang stehen mit deren Verdienst. Innerhalb des Projektes sollte klar sein, welche Aufgaben die einzelnen Mitarbeiter haben. Das Gefühl von Sicherheit stellt sich ein, wenn die Mitarbeiter Fehler machen dürfen, ohne dafür mit harten Konsequenzen (Abmahnung, Entlassung) rechnen zu müssen. Sind die Mitarbeiter von ihrer eigentlichen Position im Unternehmen freigestellt, sollte der Projektmanager die weitere Entwicklung der Mitarbeiter nach dem Projekt frühzeitig klären.

Durch sein persönliches Auftreten kann der Projektmanager das Arbeitsklima maßgeblich beeinflussen. Gerade in einem Projekt lässt sich eine eigene „Projektkultur" gestalten. Das ist gerade dann besonders wichtig, wenn die Unternehmenskultur nicht zur Motivation der Mitarbeiter beiträgt. Vor allem der bereits mehrfach eingemahnte persönliche Kontakt vom Projektmanager zu seinen Mitarbeitern ist ein wichtiger Faktor. Diese verschiedenen Motivatoren können im Grunde nach dem „Gießkannenprinzip" verteilt werden: Für alle das Gleiche!

Die weiteren Motivatoren sollten Sie am besten individuell einsetzen. Verteilt man auch Lob nach dem Gießkannenprinzip, verliert es schnell an Glaubwürdigkeit. Wird jeder kleine Erfolg mit der sprichwörtlichen „goldenen Uhr" belohnt, verliert der einzelne Erfolg an Bedeutung. Der Projektmanager sollte sich überlegen, welcher Mitarbeiter auf was besonderen Wert legt. An dieser Stelle folgt ein Plädoyer für das persönliche Gespräch. Nicht nach dem Motto: „Jetzt sagen Sie mir doch mal, was Sie motiviert!" Viele Informationen erhält man eher im Gespräch zwischen Tür und Angel.

REDUZIEREN SIE FRUSTFAKTOREN

Reduzieren Sie vor allem die typischen Frustfaktoren in Projekten! Wenn Sie eine realistische Projektplanung vornehmen, für die notwendigen Ressourcen sorgen, die Mitarbeiter in angemessenem Umfang vom Tagesgeschäft freistellen lassen, das Projektziel von Anfang an sauber definieren, für einen guten Informationsfluss und kurze Entscheidungswege sorgen – dann haben Sie fast schon gewonnen.

> **Das sind die typischen „Frustfaktoren" in Projekten:**
> - Doppelte Arbeitsbelastung durch Tagesgeschäft und Projekt
> - Häufige Spitzenbelastungszeiten
> - Unklare Rahmenbedingungen
> - Wechselnde Ziele und Aufgaben
> - Planungsfehler
> - Schlechter Informationsfluss
> - Fehlende Entscheidungen

Worauf es bei der Mitarbeiterförderung ankommt

Gleich zu Beginn: Die Förderung von Mitarbeitern ist nicht Sache der Personalabteilung. Sie ist eine elementare Führungsaufgabe. Förderung – oder auch Entwicklung genannt – erfolgt zum größten Teil im Berufsalltag. Durch ein stufenweises Anwachsen der inhaltlichen Schwierigkeit und der Verantwortung, die ein Mitarbeiter übertragen bekommt, kann Förderung „ganz nebenbei" erfolgen. Die Delegation von Aufgaben ist dann nicht mehr nur Selbstzweck, sondern geschieht zielgerichtet und entsprechend dem Entwicklungsstand eines Mitarbeiters. Man nennt das Mitarbeiterförderung **„on the job"**, weil sie im Berufsalltag erfolgt.

Zu den wichtigen Entwicklungsmaßnahmen für Mitarbeiter gehört auch der Besuch von Seminaren oder das Literaturstudium. Das ist Mitarbeiterförderung **„off the job"**, weil die Inhalte außerhalb des Berufsalltags vermittelt werden und dann nachträglich übertragen werden müssen.

Welchen Bedarf ein Mitarbeiter an Personalentwicklungsmaßnahmen und Förderung hat, ergibt sich aus dem **Ist-Soll-Abgleich**. „Ist" meint in diesem Zusammenhang die Menge des Wissens und der Erfahrungen, die ein Mitarbeiter bereits besitzt. „Soll" kann durch zwei verschiedene Faktoren beeinflusst werden. Zum einen spielen hier die aktuellen Aufgaben eine wichtige Rolle. Der Projektmanager muss sich die Frage stellen, ob der Mitarbeiter alle notwendigen Anforderungen zur Bewältigung seiner aktuellen Aufgaben mitbringt. Mit dem „Soll" kann aber auch ein Zustand beschrieben sein, der in der Zukunft liegt: Der Mitarbeiter muss gefördert werden, um zu einem späteren Zeitpunkt weiterführende Aufgaben übernehmen zu können. Ein Mitarbeiter, der mittelfristig eine Teilprojektleitung übernehmen soll, könnte also bereits kurzfristig durch Seminare auf diese Aufgabe vorbereitet werden; darüber hinaus dürfte er schon einmal erste Aufgaben der Teilprojektleitung abwickeln. Diesen Ist-Soll-Abgleich sollte der Projektmanager nicht allein im „stillen Kämmerlein" durchführen. Jeder Mitarbeiter sollte seine eigenen Vorstellungen dazu äußern können. Sprechen Sie möglichst zu Beginn des Projektes darüber.

In welchem Umfang tragen Sie Führungsverantwortung?

Je umfangreicher die Freistellung der Mitarbeiter ist, desto größer ist die Führungsverantwortung des Projektmanagers. Grundsätzlich gilt: Legen Sie das Ausmaß der Führungsverantwortung fest, wenn die Projektmitarbeiter bestimmt werden.

Die meisten Projektmitarbeiter hatten bisher einen Linienvorgesetzten und haben ihn auch weiterhin. Handelt es sich bei dem bereits beschriebenen „reinen" Projektmanagement um eine „Abteilung auf Zeit", so sollten auf den Projektmanager auch alle weiteren Rechte und Pflichten einer Führungskraft übertragen werden. Das heißt, dass er z. B. das jährliche Mitarbeitergespräch führt oder die jährliche Mitarbeiterbeurteilung vornimmt.

Alle weiteren beschriebenen Aufgaben (Teambuilding, Steuerung und Kontrolle, Motivation und Förderung) liegen unabhängig von der Aufbauorganisation in der Hand des Projektmanagers. Auch in einer Matrix-Organisation ist das der Fall. Wird ein Mitarbeiter nur teilweise für ein Projekt freigestellt, ist eine enge Abstimmung mit dem jeweiligen Linienvorgesetzten in den einzelnen Fragen wichtig. So sollte der Linienvorgesetzte darüber informiert sein, in welchem Ausmaß der Mitarbeiter mit welchen Aufgaben zu welchem Zeitpunkt betraut sein wird. Nur so kann tatsächlich sichergestellt werden, dass die Freistellung umsetzbar ist. Gibt es Probleme mit der Motivation eines Mitarbeiters, sollte man sich mit dem Linienvorgesetzten kurzschließen. Gemeinsam ist das Problem besser zu lösen.

Gerade in puncto Mitarbeiterförderung ist es wichtig, sich mit dem Linienvorgesetzten zu verständigen. Gemeinsam können die einzelnen Maßnahmen geplant und umgesetzt werden. Das ist vor allem bei der Auswahl von Trainingsmaßnahmen oder Seminaren unverzichtbar, wo es um Budgetfragen geht.

Keine Angst vor Konflikten!

Ein Team besteht aus sehr unterschiedliche Menschen. Nur weil alle an einem Projekt arbeiten, heißt das nicht, dass sie immer an einem Strang ziehen und sich glänzend verstehen. Ein Projekt birgt oftmals mehr Konfliktpotenzial in sich als das normale Tagesgeschäft. Durch seine Neuartigkeit bringt es meist Veränderungen mit sich. Veränderungen wiederum führen zu Unsicherheit und Ängsten. Ängste können Widerstände und Konflikte befördern.

Ein Konflikt entsteht dann, wenn unterschiedliche Interessen, Ziele, Wahrnehmungen, Gewohnheiten oder Wertvorstellungen aufeinanderprallen. Diese können sowohl sachlicher als auch zwischenmenschlicher Natur sein. Der Projektmanager hat die Aufgabe, solchen Konflikten vorzubeugen bzw. sie zu lösen.

Sachliche Konflikte drehen sich häufig um unterschiedliche Lösungsideen. Geht es also um ein fachliches Problem, so kann man die betroffenen Mitarbeiter bitten, ihre Ideen in Ruhe vorzutragen und dann die Vor- und Nachteile gemeinsam diskutieren. Die Aufgabe des Projektmanagers ist es hierbei, die Diskussion auf einer sachlichen Ebene zu führen, ohne dass sich die Beteiligten persönlich angreifen. Häufig ist das aber nur schwer möglich, weil der eigentlich sachliche Konflikt, noch bevor er an den Projektmanager herangetragen wird, bereits zu einem persönlichen Konflikt geworden ist. Ist dies der Fall, so gilt es die sachliche und persönliche Ebene erst einmal zu trennen. Man klärt als erstes den sachlichen Konflikt, damit man sich dann in Ruhe dem zwischenmenschlichen widmen kann.

Zwischenmenschliche Konflikte entstehen dann, wenn Menschen unterschiedliche Wertvorstellungen oder Ziele haben. Auf der sachlichen Ebene sind die Arbeitsinhalte und Ziele des Projektes klar. Auf der zwischenmenschlichen Ebene, die häufig nicht explizit angesprochen wird, gibt es aber unterschiedliche Vorstellungen. Um einen Konflikt auf dieser Ebene zu lösen, muss man die Einstellungen herausarbeiten. Die beiden Konfliktparteien müssen gegenseitig verstehen, was im anderen vorgeht. Der sog. Perspektivwechsel spielt hier eine wesentliche Rolle: Die Sichtweise und die Einstellung des anderen nachvollziehen bringt häufig schon die notwendige Akteptanz und das Verständnis für den anderen.

DA BRAUT SICH ETWAS ZUSAMMEN

Als Projektmanager müssen Sie **Konflikte frühzeitig erkennen**. Anzeichen für Konflikte sind ein fehlender Informationsaustausch, wenig Aktivität in Besprechungen, wenig Engagement bei der Problemlösung. Grundsätzlich kann man dann Konflikte vermuten, wenn sich etwas am Verhalten der Gruppe maßgeblich geändert hat. Man geht nicht mehr zusammen in die Kantine, man redet weniger miteinander, der Arbeitsplatz wird extrem pünktlich verlassen usw. Dennoch können alle diese „Symptome" auch eine andere Ursache haben. Der Projektmanager muss daher den ständigen Austausch mit seinen Projektmitarbeitern suchen. Er muss die Augen und die Ohren offen halten und ein Gefühl für die Stimmung entwickeln. Schauen Sie sich Ihre Leuten genau an! Nur wer seine Mitarbeiter kennt, bemerkt Veränderungen. Direkt kommen Konflikte erst beim Projektmanager an, wenn die Mitarbeiter „platzen".

So lösen Sie Konflikte:

- Sachliche Schilderung des Konflikts aus Sicht der Betroffenen
- Schilderung der Auswirkung auf den Einzelnen (sowohl emotional als auch sachlich)
- Gemeinsame Erarbeitung eines Kompromisses (Vereinbarung in der Zusammenarbeit)
- Verbindliche Vereinbarung über die Kontrolle der Umsetzung

SUCHEN SIE DAS GESPRÄCH

Ist ein Konflikt offensichtlich geworden, muss der Projektmanager ein klärendes Gespräch ansetzen. (Man kann vorweg Einzelgespräche mit den Betroffenen führen, dies ist aber nicht immer möglich.) Zu Beginn dieses klärenden Gesprächs bekommt jede Konfliktpartei die Möglichkeit, den Konflikt aus ihrer Sicht darzustellen. Die andere Partei darf hier nicht unterbrechen. Der Projektmanager versucht die jeweilige Sichtweise nachzuvollziehen und objektiv zusammenzufassen. Wenn alle Parteien den Konflikt geschildert haben, erfragt der Projektmanager noch einmal explizit, was das Problem für den einzelnen bedeutet. Jeder beschreibt, wie der Konflikt sowohl emotional als auch sachlich seine Arbeit oder sein Wohlbefinden beeinflusst. Dies verbessert das Verständnis der Konfliktparteien untereinander und der Projektmanager kann sich ein genaues Bild von dem Konflikt machen (Ursache, Beteiligte, Motive).

DIE LÖSUNG KOMMT VON DEN STREITENDEN

Im nächsten Schritt erbittet der Projektmanager von den streitenden Parteien Lösungsvorschläge. Diese werden gesammelt und dann gemeinsam so lange diskutiert, bis eine Kompromisslösung gefunden ist. Sie sollte grundsätzlich Regelungen darüber enthalten, wie man sich in einer ähnlichen Situation das nächste Mal verhält und einem drohenden Konflikt vorbeugen will. Liegt das Problem z. B. darin, dass zwei Projektmitarbeiter sich voneinander nicht umfassend informiert fühlen, so kann man vereinbaren, dass sich die beiden regelmäßig zum Informationsaustausch treffen und jeder in Stichworten festhält, was er dem anderen mitteilen will. Sollte wieder einmal die Situation entstehen, dass eine Information vergessen wurde, muss der Betroffene umgehend auf den anderen zugehen, um dieses Problem zu besprechen. Nur so lässt sich vermeiden, dass die Konfliktparteien beim kleinsten Problem wieder den Projektmanager zur Lösung brauchen.

Grundsätzlich sollten die Mitarbeiter immer erst einmal versuchen, den Konflikt untereinander zu klären. Während des gesamten Prozesses ist es wichtig, dass der Projektmanager Neutralität bewahrt.

Noch einmal zur Betonung: Die Arbeitsergebnisse eines Teams hängen nicht nur davon ab, wie fachkompetent die Einzelnen sind und wie gut das Projekt organisiert ist. Der persönliche Kontakt spielt ebenfalls eine wesentliche Rolle!

Roland Meier denkt in der Zwischenzeit intensiv über seine Mitarbeiter nach. „Wenn ich ehrlich zu mir bin, herrscht ja schon seit längerem eine angespannte Stimmung im Team. Aber ich dachte, das legt sich wieder, wenn wir den nächsten Meilenstein erreicht haben." Anscheinend hat er sich da verschätzt. Er schaut seine Unterlagen durch und bleibt bei seiner Ressourcenplanung hängen. Frau Hoffmann müsste eigentlich keine Probleme haben. Sie ist zu 100 % für das Projekt freigestellt und ihre aktuellen Aufgaben sind auch im Rahmen. Bei ihr hätte er am wenigsten vermutet, dass es zu Problemen kommt. Und Herr Kerner sollte eigentlich nur ganz wenig für das Projekt arbeiten. Als interner Kunde sollte er einige Ideen geben und immer wieder kritisch über die Zwischenergebnisse schauen. Nach langem Hin- und Herüberlegen entschließt sich Roland Meier, bald Gespräche mit den beiden zu führen. Vielleicht wird er dadurch schlauer. Er schickt beiden eine Mail mit einem Terminvorschlag.

Zuhause erzählt er seiner Frau von den aktuellen Problemen im Projekt und präsentiert ihr stolz seine Lösung. Carola Meier pflichtet ihm bei, dass es gut ist, mal mit den beiden zu sprechen und gibt ihm gleich noch einen Tipp mit auf den Weg: „Denk' dran, dass die beiden sich bestimmt nicht freuen, bei dir antanzen zu müssen. Sei nicht wieder so sarkastisch!"

Roland Meier ist am nächsten Tag etwas nervös. Zuerst hat er einen Termin mit Herrn Kerner. Er begrüßt ihn freundlich und kommt dann auch gleich zum Thema: „Herr Kerner, warum waren Sie denn gestern nicht bei dem Meeting?" Herr Kerner reagiert erst einmal irritiert. Er hatte nicht gedacht, dass es um dieses Thema geht. Im Moment wollte er etwas kürzer treten, weil er im letzten Monat so viele Überstunden gemacht hat. Er hätte nicht gedacht, dass es ein Problem ist, wenn er einmal nicht erscheint. Roland Meier hat den Eindruck, dass Herr Kerner ärgerlich ist, weil er ihm sein Fehlen vorwirft. Das war natürlich nicht sein Ziel, und er versucht zu erläutern, warum Herr Kerner immer dabei sein sollte. Gegen Ende des Gesprächs sagt Herr Kerner schließlich einlenkend: „Mir war gar nicht klar, dass Ihnen so wichtig ist, dass ich den Verlauf des Projektes so genau miterlebe. Ich dachte es reicht, wenn ich ab und zu mal auf die Ergebnisse schaue." Die beiden kommen überein, dass Herr Kerner grundsätzlich jedes Meeting wahrnehmen sollte. Herr Kerner hat aber auch noch eine Bitte an Roland Meier: „Es wäre wirklich schön, wenn unsere Meetings nicht immer in ein Kaffee-Kränzchen ausarten würden. Können wir das Ganze nicht etwas straffen?" Roland Meier ist etwas überrascht über diese Aussage.

Am Nachmittag kommt Frau Hoffmann zu Roland Meier ins Büro. Sie wirkt sehr angespannt und kommt auch gleich zur Sache: „Es tut mir leid, dass ich gestern die Arbeiten noch nicht fertig hatte. Ich habe es einfach nicht geschafft." „Das habe ich auch gemerkt!" so die Antwort von Roland Meier. Das Gespräch verläuft in einer sehr angespannten Atmosphäre. Frau Hoffmann reagiert sehr emotional und schiebt die Schuld auf einen anderen Kollegen. Roland Meier wird mit Dauer des Gesprächs immer wütender. Das Gespräch endet damit, dass er Frau Hoffmann einen Termin setzt, zu dem er ihre Arbeiten erwartet.

Nach diesem Gespräch ist Roland Meier unzufrieden mit sich und dem Verlauf des Tages. Ärgerlich sitzt er in seinem Büro und fragt sich, warum Frau Hoffmann so uneinsichtig war. Auch die Bemerkung von Herrn Kerner geht ihm nicht mehr aus dem Sinn. Während er nachdenkt, kommt sein Kollege Sven Bolle in sein Büro. Er hat über den „Flurfunk" mitbekommen, dass es Probleme im Projekt von Roland Meier gibt. Roland Meier erzählt ihm die Geschichte aus seiner Sicht und erwartet, dass Sven Bolle ihm zustimmt. Doch Sven Bolle ist anderer Meinung: „Du kannst nicht so darauf lospoltern, wenn es mal Probleme gibt. Da haben immer mehrere Leute mit zu tun, nicht nur einer. Ich habe den Eindruck, dass im Moment keiner mehr Lust hat, an deinem Projekt mitzuarbeiten. Das war vor einigen Monaten noch anders. Ich erlebe dich auch sehr gereizt und angespannt in letzter Zeit. Einige deiner Mitarbeiter haben mir erzählt, dass es seit einiger Zeit ziemlich chaotisch läuft und sie den Eindruck haben, dass du nicht mehr alles im Griff hast. Was ist denn los?" Roland Meier ist sehr betroffen von den Worten seines Kollegen: „Was mache ich denn im Moment falsch? Wir haben nun mal eine stressige Phase, aber das passiert doch immer mal im Projekt!" Sven Bolle kann sich sehr gut vorstellen, wo das Problem liegt: „Wenn ihr im Moment eine anstrengende Phase habt, dann musst du dich mehr um deine Leute kümmern. Du kannst nicht erwarten, dass alle mitziehen, wenn sie den Eindruck haben, dass du dich nicht mehr richtig kümmerst. Du musst mehr vor Ort sein und den Leuten auch mal zu verstehen geben, dass du stolz auf ihren Einsatz bist. Von nichts kommt nichts!" „Aber ich habe einfach im Moment keine Zeit!" entgegnet Roland Meier.

Sven Bolle erklärt Roland Meier noch eine ganze Zeit lang, wie er dieses Problem lösen sollte. Gemeinsam entwickeln sie einen Plan für die nächste Zeit. Erst einmal überarbeiten sie den Zeitplan und überlegen, an welchen Stellen die Planung entspannt und entzerrt werden kann. Dann überlegen sie sich, wie

Herr Meier seinen Mitarbeitern etwas Gutes tun kann. Sie entscheiden sich für ein Überraschungsfrühstück am nächsten Montag. Herr Meier will seinen Mitarbeitern damit zeigen, dass er ihren Arbeitseinsatz toll findet. Außerdem möchte er, dass sich alle auch mal wieder ungezwungen unterhalten können. Vielleicht auch mal wieder über andere Themen als das Projekt. Eigentlich geht es ihm selber im Moment auf die Nerven, dass sich alles nur um das Projekt dreht. Für die nächsten Sitzungen nimmt er sich vor, eine klare Zeitvorgabe zu geben und darauf zu achten, dass nicht zu viele unwichtige Themen angeschnitten werden.

Nach diesem Gespräch mit seinem Kollegen ist Roland Meier klar, dass er sich in letzter Zeit zu wenig um seine Mitarbeiter gekümmert hat. Er nimmt sich vor, noch einmal mit Frau Hoffmann zu sprechen und sie auch nach ihrer aktuellen Belastung zu fragen. Eigentlich ist ihm nämlich immer noch nicht klar, warum sie ihre Arbeiten nicht schafft. Obwohl ihm deutlich wird, dass noch ein bisschen mehr Arbeit auf ihn zukommen, hat Herr Meier den Eindruck, dass es von jetzt an mit dem Projekt wieder positiv weitergehen wird.

So lassen Sie ungewollte Projekte einfach scheitern

Wie gesagt: Projekte sind in. Aber sind Sie wirklich immer nötig? Falls es Vorhaben gibt, die Ihnen ein Dorn im Auge sind, dann sollten Sie diese kleine ironische Anleitung zur Projektsabotage unbedingt lesen.

Lassen Sie endlos planen

Beschäftigen Sie den Projektleiter. Lassen Sie ihn planen, planen, planen. Sie haben zum Beispiel einen Anspruch darauf zu erfahren, wie jeder Einzelne im Projekt eingesetzt wird. Der Projektleiter soll doch erst einmal seine Hausaufgaben machen und im Detail aufzeigen und begründen, wo er Kapazität benötigt. Sie brauchen unbedingt Planungssicherheit, schließlich geht es doch um Ihre kostbare Zeit!

Diskutieren Sie immer wieder Zuständigkeiten

Wo kommen wir denn hin, wenn plötzlich jeder für etwas Neues zuständig ist! Eine komplexe Organisation, wie es ein Unternehmen nun einmal ist, funktioniert nur mit Regeln, und die müssen eingehalten werden. Da kann nicht ein x-beliebiges Projekt plötzlich Zuständigkeitsbereiche durcheinanderbringen. Fragen Sie doch gleich mal bei den Verantwortlichen der betreffenden Fachbereiche nach, wie diese die Zuständigkeitsfrage sehen.

Vergessen Sie auch nicht, die Zuständigkeiten innerhalb des Projektteams immer wieder zu diskutieren. Machen Sie jedem klar, dass das Arbeitsergebnis noch lange nach Abschluss des Projektes mit dem Namen des Zuständigen in Verbindung gebracht wird. Und weisen Sie ständig auf die Projektrisiken hin! Wie viele Gefahren lauern da überall!

Bekämpfen Sie den Teamgeist

Der Projektleiter versucht sein Team zu formen? Er will das Wir-Gefühl stärken, indem er die Gemeinschaft fördernde Aktionen ins Leben ruft? Da machen Sie nicht mit. Das ist doch alles nur eine Masche, um das Letzte aus Ihnen herauszuholen. Und überhaupt. Sie sind doch kein Herdentier! Spätestens wenn es im Projekt hektisch wird (z. B. in den „heißen" Phasen, wenn Ergebnisse anstehen, Meilensteine erfüllt werden müssen), werden Sie Ihren Erfolg spüren. Ohne Teamspirit, den Sie erfolgreich verhindern können, sind keine Spitzenleistungen zu erreichen.

SCHRIFTLICH MUSS ES SEIN
Geben Sie sich in Besprechungen nicht mit zu kurzen Ergebnisprotokollen zufrieden. Nutzen Sie E-Mails als Kommunikationsmittel, die Inhalte sind dann gleich dokumentiert. Heften Sie die E-Mail-Ausdrucke in der Projektakte ab. Nein, lassen Sie diese abheften, indem Sie eine (Papier!)-Kopie an den Projektleiter schicken mit der Bitte um Hinterlegung in der Projektakte. Soviel Ordnung muss sein!

ES BLEIBT SOWIESO ALLES BEIM ALTEN
Sie spüren Unruhe in der Organisation, weil sich durch das Projekt Veränderungen ankündigen? Beschwichtigen Sie! Machen Sie deutlich, dass es sich lediglich um eines dieser absolut sinnlosen Projekte handelt, die langfristig ohnehin nichts verändern.

SETZEN SIE AUF DAS BEWÄHRTE
Man soll sich auf das besinnen, was schon immer gut lief. Soll doch erst einmal jemand nachweisen, dass es anders noch besser funktionieren würde. Stellen Sie deutlich heraus, welche Erfolgsfaktoren verschwinden, wenn Abläufe oder Strukturen infrage gestellt werden.

MACHEN SIE WIRKLICH ALLE ZU BETEILIGTEN
Halten Sie sich an den Leitsatz „Betroffene zu Beteiligten machen". Entlasten Sie den Projektleiter, zeigen Sie Initiative. Reden Sie mit allen Betroffenen, aber bitte mit jedem persönlich! Binden Sie sehr früh den Betriebsrat ein. Das muss ja nicht ganz offiziell passieren, es reicht ein Mittagessen in der Kantine. Ärgert sich der Projektleiter über Ihre Kompetenzüberschreitung, so erwidern Sie, dass Sie im besten Wissen

und Gewissen gehandelt haben. Schließlich war keine Geheimhaltung vereinbart und außerdem wurde doch im Kick-Off-Workshop die Parole ausgegeben wurde, möglichst alle Betroffenen …

Veränderungen benötigen Zeit

„Gut Ding will Weile haben." Schließlich soll das Projekt vieles verändern und da will alles wohl überlegt sein. Überprüfen Sie die Umsetzungspläne. Ist hier der Change-Management-Prozess gebührend berücksichtigt? Sorgen Sie dafür, dass wirklich jeder gehört wird und genügend Kick-Off-Workshops, Abstimmungs- und Schnittstellenmeetings stattfinden. Wenn man Ihnen mit Ermahnungen kommt, weil Sie noch keine Ergebnisse vorlegen können, reagieren Sie ruhig vorwurfsvoll. Soll die Unternehmenskultur wirklich dem schnellen Profit geopfert werden? Haben der amerikanische Kurzfrist-Kapitalismus und die Shareholder-Value-Orientierung doch über unser ganzheitliches Management gesiegt?

Wer soll das bezahlen?

Durchforsten Sie die Projektplanung mit der Kostenbrille. Rechnen Sie zu jedem Schritt die Kosten durch und fragen Sie den Projektleiter, ob er den Workshop auch dann noch so durchführen würde, wenn das Ganze sein Unternehmen wäre und er aus eigener Tasche den Tagungsraum, die Mittagsverpflegung, vielleicht den externen Moderator zahlen müsste. Wo stecken noch Effizienzpotenziale? Braucht man wirklich die Unterstützung durch Externe? Fragen Sie grundsätzlich, wenn Vorschläge gemacht werden: „Was kostet das?" Sie werden sehen, das wirkt Wunder! Sie selbst qualifizieren sich durch Ihr unternehmerisches Denken auch gleich für höhere Aufgaben. Vielleicht dauert es so gar nicht lange und Sie sind selbst derjenige, der über das Budget entscheidet.

Fordern Sie Aktionen

Verlangen Sie Aktionen in der Umsetzungsphase. Berufen Sie sich dabei auf die Wichtigkeit des Projektmarketings. „Events" sind in! Und eine richtig große Aktion ist schließlich notwendig, um alle Betroffenen zu Beteiligten zu machen. Nehmen Sie den Projektleiter in die

Pflicht. Die Formulierung der Einladungsschreiben muss geprüft werden. Organisieren Sie Räume und die Verpflegung. Wie wäre es eigentlich mit einer Showeinlage? Lassen Sie klassisches Werbematerial vorbereiten. Das alles kostet nicht nur viel Zeit und Energie. Es macht sogar Spaß!

ZEIGEN SIE ÜBEREIFER

Wenn im Projekt wichtige Aufgaben verteilt werden, melden Sie sich! Wenn in Workshops Arbeitspakete verteilt werden – zugreifen! Haben Sie keine Hemmungen, sich in den Vordergrund zu spielen. Niemand wagt Ihnen zu sagen, dass Sie nicht der Richtige für diese Aufgabe sind? Macht nichts! Wenn Sie erst einmal die Verantwortung für alle möglichen Jobs haben, heißt es: aussitzen! Begründungen für Zeitverzug lassen sich immer finden. Es liegt doch an Herrn Schmidt, dass Sie noch nicht liefern konnten. Und überhaupt muss man erst noch so viele wichtige Informationen sammeln, bevor man loslegen kann.

MAN KANN NIE GENUG WISSEN

Stellen Sie gleich beim Kick-Off die Frage, wer die neuste Version des Softwarepaketes zum Projektmanagement sicher beherrscht. Weisen Sie ganz nebenbei daraufhin, dass man die Software ja auch dazu braucht, Verantwortliche, die Fehler machen, gleich zur Rechenschaft ziehen zu können. Nach dieser „Androhung" meldet sich auf Ihre Frage garantiert niemand mehr. Und damit haben Sie erreicht, was Sie wollten: Die Leute müssen erst einmal umfassend geschult werden! Vielleicht könnte man parallel noch einen Kreativitätsworkshop, ein Seminar zu gruppendynamischen Prozessen und zum Konfliktmanagement belegen. Zum „Onboarding" des neuen Teams gibt es natürlich erst einmal ein Outdoor-Training. Das schweißt zusammen.

Macher sind gefragt. Nicht lange debattieren, Ärmel hochkrempeln und loslegen! Mit Ihrem Enthusiasmus und Ihrer Energie werden Sie schnell zur Galionsfigur und reißen die anderen mit. Ihr Slogan heißt: „Wir packen es an!" Wenn jemand meint, dass Sie sich auf Ihre Aufgaben erst einmal vorbereiten sollten, bevor sie losstürmen – tun Sie es! Rufen Sie sofort eine große Aktion ins Leben.

FAQs zum Projektmanagement

Für alle, die zum Schluss eine sehr knappe Zusammenfassung wünschen (oder keine Zeit haben das komplette Buch zu lesen), haben wir die am häufigsten gestellten Fragen zum Projektmanagement aufgelistet und beantwortet.

WAS UNTERSCHEIDET ÜBERHAUPT EIN PROJEKT VON MEINER TAGESARBEIT?

Es gibt klare Definitionskriterien für ein Projekt. Vor allem die Neuartigkeit der Fragestellung ist ein wichtiges Kriterium. Die Bearbeitung der Fragestellung ist zeitlich begrenzt und komplex. Zudem sind mehrere Bereiche/Stellen im Unternehmen von dem Projekt betroffen.

Mehr zu diesem Thema finden Sie ab Seite 9.

WELCHE AUFGABEN GEHÖREN ZUM PROJEKTMANAGEMENT?

Es gibt vier Kernaufgaben: inhaltliche Probleme lösen, geeignete Methoden auswählen und anwenden, Entscheidungen herbeiführen und Mitarbeiter führen.

Mehr zu diesem Thema finden Sie ab Seite 16.

WORAN ERKENNT MAN EIN ERFOLGREICHES PROJEKT?

In erster Linie hat ein erfolgreiches Projekt das vorher formulierte Projektziel erreicht. Drei Faktoren spielen hierbei eine wichtige Rolle: Die Einhaltung der Termine (Zeitplanung), die Einhaltung des Aufwands (Ressourcenplanung) und die Erreichung der gewünschten Ergebnisqualität.

Mehr zum ganzheitlichen Managementansatz im Projektmanagement finden Sie auf Seite 17Fehler! Textmarke nicht definiert., zum Projektcontrolling ab Seite 121.

Wie viel Fachkompetenz braucht man als Projektmanager bezogen auf die inhaltliche Fragestellung?

Der Projektmanager muss nicht in allen Teilen des Projektes Fachexperte sein. Er kann die entsprechenden Experten als Teilprojektleiter oder Projektmitarbeiter einsetzen.

Mehr zu diesem Thema finden Sie ab Seite 23.

Woran erkenne ich, ob ich ein geeigneter Projektmanager bin?

Sie müssen Fach- und Methodenkompetenzen sowie Sozialkompetenzen mitbringen. Auch Ihre persönlichen Einstellungen und Ihre Motivation sind wichtig. Sie müssen unter anderem Leistung erbringen wollen, taktisch vorgehen können, pragmatisch, flexibel und risikobereit sein. Wer eine Projektleitung übernehmen möchte, sollte seine Persönlichkeit sowie seine Stärken und Schwächen genau kennen. Zur Selbsteinschätzung eignet sich das Kienbaum-Persönlichkeits-Profil: www.kienbaum.de

Mehr zu diesem Thema finden Sie ab Seite 41.

Was bringt mir die Übernahme der Projektleitung für meine Karriere?

Die Übernahme der Projektleitung kann eine gute Vorbereitung auf die Aufgabe als Führungskraft sein. Sie können Ihre Fähigkeiten innerhalb eines klar umrissenen Anforderungsbereiches unter Beweis stellen.

Mehr zu diesem Thema finden Sie ab Seite 44.

Wann sollte ich einen Projektauftrag eher ablehnen?

Unklare Projektaufträge, schwierige Rahmenbedingungen und politische Verhältnisse im Unternehmen können ein Projekt trotz guten Projektmanagements zum Scheitern bringen. Sind diese Punkte gegeben, sollten Sie kritisch hinterfragen, ob die Übernahme der Projektverantwortung wirklich förderlich für Ihre Karriere ist.

Mehr zu diesem Thema finden Sie auf Seite 11 und 72.

Wie skizziere ich grob den Inhalt des Projektes?

Orientieren Sie sich zunächst an einem groben Phasenmodell, das die zu erarbeitenden Schritte unterteilt. Im Rahmen der Projektplanung ist der Projektstrukturplan das wichtigste Tool, um die Übersicht im Projekt zu behalten.

Mehr zu diesem Thema finden Sie ab Seite 93.

Brauche ich einen formalen Projektauftrag? Wenn ja, was muss dieser beinhalten?

Es sollte auf jeden Fall einen schriftlichen Projektauftrag geben! Darin werden alle Inhalte dokumentiert, die Ihnen als Projektleiter Sicherheit für die Planung geben. Dazu gehört die Zielsetzung, Ihr Handlungsspielraum, Ihre Verantwortung und die Definition von Projektrisiken.

Mehr zu diesem Thema finden Sie ab Seite 69.

Ich habe den Verdacht, dass ich die mir zugeteilten Aufgaben mit den zur Verfügung stehenden Macht-Kompetenzen nicht bearbeiten kann. Wie gehe ich vor?

Aufgabenspektrum, Verantwortung und Macht müssen sich im Gleichgewicht befinden, wenn ein reibungsloser Projektablauf sichergestellt werden soll. Haben Sie den Eindruck, dass dies nicht der Fall ist, suchen Sie das Gespräch mit dem Auftraggeber. Wenn er nicht bereit ist oder auch nicht die Macht hat ein Gleichgewicht herzustellen, nehmen Sie dies in die Risikoanalyse mit auf. Bewerten Sie Szenarien, die dadurch entstehen können, dass das Ungleichgewicht besteht. Dokumentieren Sie dies nicht erst, wenn es zu ersten Schwierigkeiten kommt, sondern möglichst schon im Vorfeld. Lassen Sie die Dokumentation dem Auftraggeber (z. B. im Rahmen eines Status-Reports) zukommen.

Mehr zu diesem Thema finden Sie ab Seite 61.

Ab wann sollen die betroffenen Personenkreise mit dem Projekt konfrontiert werden?

Meistens bietet es sich an, die Betroffenen in die Ist-Analyse (Status-Aufnahme) zu integrieren. Hierfür sollten im Vorfeld ggf. Vorabinformationen vermittelt werden. In strategischen Projekten kann es notwendig sein, eine höhere „Geheimhaltungsstufe" festzulegen. Für solche Projekte sollte ein genauer Kommunikationsplan erstellt werden, aus dem hervorgeht, welche Gruppen wann und wie informiert werden. Lieber aktiv durch das Projekt Informationen streuen als indirekt über den „Flurfunk"!

Zur Ist-Analyse finden Sie weitere Informationen ab Seite 73, zur Kommunikationsmatrix auf Seite 137.

WIE MACHE ICH ÜBERSICHTLICH TRANSPARENT, WER WIE BEI EINZELNEN AKTIVITÄTEN BETEILIGT WERDEN MUSS?
Hierfür bietet sich die VABI-Matrix an. In dieser wird festgelegt, wer **v**erantwortlich ist, wer **a**usführend tätig ist, wer **b**erät und wer **i**nformiert werden muss.

Mehr zu diesem Thema erfahren Sie auf Seite 111.

LOHNT SICH WIRKLICH DER AUFWAND FÜR EINE PROJEKTFEINPLANUNG?
Die Feinplanung bringt Struktur und Sicherheit in einzelne Projektphasen, sie ist aber sehr aufwändig. Planen Sie immer nur das, was auch wirklich planbar ist! Das heißt: Machen Sie eine Grobplanung für das Gesamtprojekt und eine Feinplanung für die jeweils anstehende Phase.

Mehr zum Thema Feinplanung können Sie ab Seite 115 nachlesen.

Literaturverzeichnis

DGQ; „SPC 1 – Statistische Prozesslenkung"; DGQ-Schrift NR. 16-31; Beuth Verlag, Berlin 1990

Hauschildt, Jürgen; „Innovationsmanagement"; Verlag Vahlen, München 1993

Hölzle, Philipp; „Prozessorientierte Personalarbeit"; Peter Lang Verlag, Frankfurt 1999

Kellner, Hedwig; „Ganz nach oben durch Projektmanagement"; Hanser Verlag, München 2000

Kommer, Isolde; Reinke, Helmut; „Mind Mapping am PC für Präsentationen, Vorträge, Selbstmanagement"; Hanser Verlag, München, Wien 1999

Maslow, A.; „Motivation and Personality", 3rd Ed; Longman 1987

Peters, Thomas J.; Waterman, Thomas J.; „Auf der Suche nach Spitzenleistungen. Was man von den bestgeführten US-Unternehmen lernen kann."; MVG, Landsberg 2000

Platz, J.; Schmelzer, H.; „Projektmanagement in der industriellen Forschung und Entwicklung"; Springer Verlag, Berlin, Heidelberg 1986

Schulz-Wimmer, Heinz; „Projekte managen"; Haufe Verlag, Planegg/München 2002

Stichwortverzeichnis

360°-Feedback 125
5-M-Modell 85
7-S-Methode 85
95%-Syndrom 103
Abschlussanalyse 124
Abschlusspräsentation 128
Abteilungen 51
Agenda 149
Aktivitätenliste 109
Analogien 59
Analysephase 72
Anfangsfolge 113
Arbeitsauftrag 11
Arbeitspaket 92
Aufgaben 170
Auftraggeber 12
Ausgeglichenheit 34
Autoritärer Führungsstil 137
AVM-Dreieck 63
Balanced Scorecard 122
Balkenplan 117
Begeisterungsfähigkeit 31
Begeisterungsstrategie 30
Beratender Führungsstil 139
Berichterstattung 123
Berichtswesen 97
Besprechungen 149
Brainstorming 94
Change Requests 133
Demokratischer Führungsstil 140
Dokument-Änderungsnachweis 132
Eckterminplan 107
Effizienz 151
Einfluss-Projektmanagement 66
Einstellung 35
Einstellungen 23
Eisbergmodell 27
Endfolge 113
Endtermin 13
Erfolgreiches Projekt 170
Erfolgschancen 49
Ergebnisdokument 129

Ergebnisdokumentation 123
Fachkompetenz 22, 144, 171
Fachwissen 24
Fähigkeiten 22
FAQs 170
Fischgrätendiagramm *siehe* Ishikawa-Methode
Flexibilität 40
Freistellung 47
Frustfaktoren 157
Führungsstil 137
Führungsverantwortung 159
Gantt-Diagramm *siehe* Balkenplan
Grobplanung 90
Handlungsrahmen 64
IBZED-Modell 111
Individualismus 32
Initiative 37
Initiierungsphase 56
Interessengruppen 50
Ishikawa-Modell 79, 83
  6 W-Fragen 81
Ist-Analyse 73
Ist-Soll-Abgleich 158
Karriere 45, 49, 171
Kernaufgaben 16
Key Performance Indicators (KPI) 123
Kienbaum-Persönlichkeits-Profil 41
Kommunikation 28
Kompetenzen 22
Kompromisslösung 162
Konfliktbereitschaft 32
Konflikte 31, 160
  Kompromisslösung 162
Konfliktpotenzial 160
Kontaktstärke 26
Kontrolle 148, 152
Kooperativer Führungsstil 139
Kostenkalkulation 113
Kostenplan 118
Kritischer Pfad 115

Stichwortverzeichnis

Lastenheft 90
Leistungsmotivation 36
Lessons learned 124
Lösungsweg 10
Master-Dokument 129
Matrix-Projektmanagement 65
Meilenstein 102
Meilenstein-Eckterminplan 107
Meilensteinplan 102
Methodenkompetenz 22
Mind-Mapping-Methode 94
Mitarbeiterbeurteilung 159
Mitarbeiterförderung off the job 158
Mitarbeiterförderung on the job 158
Mitarbeitergespräch 159
Mitarbeitermotivation 143
Mitarbeitertypisierung 145
Motivation 153
Motivatoren 153
Motive 23
Multiprojektmanagement 126
Negativkatalog 60
Netzplantechnik 115
Normalfolge 113
Partizipativer Führungsstil 140
Patriarchalischer Führungsstil 138
Personalvertretungen 51
Persönlichkeit 144
Phasenmodelle 55
Planungsphase 90, 101
Pragmatismus 36
Präsentationstermin 12
Präsentieren 128
Problemdefinition 57
Problemverfremdung 59
Problemzerlegung 58
Programmmanagement 126
Projektauftrag 56, 69, 171
Projektcontrolling 121
Projektlaufbahn 52
Projektmanagement
   Begriff 15
   Kernaufgaben 16
   Prinzipien 18
Projektmarketing 133
Projektsabotage 166
Projektstrukturplan 90

Projektstrukturplan (PSP) 91, 92
Projektmanagement
   Aufgaben 170
Protokoll 152
Prozessanalyse 79
Qualitätsmanagement 67
Rahmenbedingungen 45, 46, 74
Risikobereitschaft 38
Risikomanagement 67
Risikoprioritätszahl (RPZ) 89
Rückkehr-Modus 48
Rückwärtsplanung 104
Sachliche Konflikte 160
Schwachstellenanalyse 79
Selbstreflexions-Seminar 27
Soziale Sensibilität 28
Sozialkompetenzen 23
Sprungfolge 113
Startphase 56
Statusreports 98
SWOT-Darstellung 88
Tagesarbeit 170
Tagesgeschäft 47
Tagesordnung 150
Taktik 39
Teambildung 72
Teambuilding 143
Teamorientierung 33
Team-Rollen 144
Templates 123
ToP-Verfahren (Tableau optimaler
   Prozess) 79
Umsetzungsphase 120
Unternehmensleitung 50
Ursachen-Analyse 83
Ursachen-Wirkungs-Diagramm 83
VABI-Matrix 111
Verhaltenskompetenzen 23
Versionsnummer 131
Vorwärtsterminierung 104
Widerstand 49, 50
Zieldefinition 60
Zielfindung 60
Zielsetzung 46
Zielunklarheit 60
Zusammenarbeit 148
Zwischenmenschliche Konflikte 160

Die wichtigsten Arbeitsschritte des Projektmanagements

1. Initiierungsphase (Startphase)

Problem definieren	Vorgestellte Verfahren zur Problembeschreibung nutzen.
	Schriftlich beschreiben.
Ziel definieren	Zukünftigen gewünschten Zustand beschreiben.
	Zielfindung vollzieht sich während des gesamten Prozesses der Problemlösung.
	Klare Aussagen zu Qualität, Kosten und Zeit treffen.
	Bewertungsmodus für Zielerreichung festlegen.
Handlungs- und Verantwortungsbereich definieren	Aufgaben, Funktionen und Pflichten beschreiben.
	Verantwortlichkeiten sowie Macht, Befugnisse, Rechte festhalten.
Risikomanagement/Risikoliste mit Risikoklassen erstellen	Dokumentation der Klassifizierung aller Projektrisiken

Projektauftrag zwischen Auftraggeber und Auftragnehmer	Dieser enthält: Projektname, Auftraggeber, Datum, Projektnummer, Projektleiter Problem (Grund des Projektes, strategischer Zweck) Projektziel Verantwortlichkeiten/Kompetenzen (Auftraggeber, Ausschüsse, Projektleiter, Team) Termine (Start, Meilensteine, Ende) Ressourcen (Budget, Personal) Schnittstellen Risikomanagement Planung Berichtswesen (Wem wann worüber in welcher Form berichten?) Unterschrift Auftraggeber, Projektleiter

2. Analyse- und Definitionsphase

Team formen	Beitrag des Einzelnen zum Gesamtziel kommunizieren
	Schnittstellen und Gemeinsamkeiten darlegen
	Einen halben bis zwei Tage für die Zusammenführung der Teammitglieder einplanen
	Regeln für die Zusammenarbeit festlegen (gemeinsame Verantwortung für die Zielerreichung übernehmen, sofort Probleme ansprechen, Kompetenzen anderer respektieren etc.)

3. Istanalyse

Rahmenbedingungen erfassen	Unveränderliche Bedingungen festhalten (relevante Gesetze und Verordnungen, technologische Grenzen, Unternehmensrichtlinien, interne Verfahrensanweisungen und fixierte Prozessbeschreibungen, Betriebsvereinbarungen, Entscheidungen inhaltlicher, terminlicher und kostenbezogener Art)
Evaluation der Erwartungen der Betroffenen/Beteiligten	Mögliche zu befragende Gruppen:
	Geschäftsführung, Nutzer und Anwender des Projektergebnisses, Auftraggeber, betroffene Organisationseinheiten, Gremien, Mitarbeitervertretung, Mitarbeiter, Projektleiter, Team, informelle Meinungsführer
	Methoden: persönliche, teilstrukturierte Interviews, Telefoninterviews, schriftliche Befragungen, Workshops

Analyse der Ist-Situation und Schnittstellen	Status quo (grob) beschreiben: Strategien und deren Operationalisierung: Visionen, Ziele, Controlling-/Steuerungsmodell, Aktionspläne, Produkte/Verfahren, Partnerschaften, Finanzen
	Selbstverständnis der Organisationseinheiten: Kultur, Leitmotiv, Rollen, Werte
	Arbeitsstrukturen: Aufgaben und Kompetenzen, Leistungsabhängigkeiten, Ablauforganisation, Befugnisse, Besonderheiten/bisherige Erfolgsfaktoren
	Eingesetzte Systeme: Ablauforganisation, Regelung der Entscheidungsprozesse, Steuerungs- und Kontrollmechanismen, Informationsmanagement, Infrastruktur, Informationstechnologie
	Arbeitsweisen/Stil der Zusammenarbeit: Führungsstil, Umgang der Mitarbeiter untereinander, Auftreten der Mitarbeiter untereinander
	Personal: Mitarbeiterqualifikation, Motivation, Leistungsverpflichtung
	Know-how: Kompetenzanspruch, besondere Leistungsstärken der Organisation, Wissensaustausch/Wissensmanagement)

Stärken-/Schwächenanalyse	beispielsweise mit der ToP-Methode
Ursachenanalyse	mit dem 5M-Modell/7-S-Methode
Chancen- und Risikobewertung	Übersichtliche Darstellung der gewonnen Erkenntnisse/SWOT-Darstellung
	Zur differenzierten Bewertung der Risiken: FMEA (Fehlermöglichkeits- und Einflussanalyse)
Überarbeitung/Konkretisierung der Zieldefinition	Projektzielblatt zu „Lastenheft" ergänzen
Grobplanung/ Projektstrukturplan (PSP)	Einstieg in die Planungsphase – Was ist zu leisten? (Projektziel) – Welche Aufgaben sind zu erledigen? (Aufgabenzerlegung) – Wer hat sie zu erledigen? (Aufgabenzuteilung) – Womit? (Ressourcenplanung) – Bis wann? (Terminplanung) – Erstellung des PSP (Hilfsmittel Mind-Map, Brainstorming) – Überprüfung des PSP auf Vollständigkeit
Berichtswesen	Statusreports erstellen (siehe CD)
	Dokumentation von (Zwischen-)Ergebnissen
	Dokumentation von Veränderungen (geänderte Inhalte, Zielsetzungen, Budgets, Zeiten etc.)

Planungsphase	Termine und Ressourcen planen
	Phasen- oder Meilensteinplan erstellen (Paketen des PSP eine zeitliche Dimension zuordnen und Meilensteine/nachprüfbare Zwischenergebnisse festlegen)
	Meilenstein-Eckterminplan erstellen (Zeitpunkte für Entscheidungen festlegen)
	Feinplanung (für den Zeitraum zwischen zwei Meilensteinen)
	Aktivitätenliste (Aktivitätennummer, Aufwand zur Erstellung, verantwortliche Person, benötigte Ressourcen, Gesamtdauer, notwendige Wartezeiten, Abhängigkeit zu anderen Aktivitäten, verursachte Kosten, Anfangs- und Endtermine)
	Netzplan (bei hoch komplexen Projekten) oder Balkenplan zur übersichtlichen Darstellung der Start- und Endpunkte von Aktivitäten
	Kostenplan (Aufwandsabschätzung)

4. Umsetzungsphase

Steuerung/ Projektcontrolling	Status der Durchführung wird überwacht
	Evtl. Umsetzungsbegleiter bestimmen
	Risiko-Controlling
	Ggf. Anwendung der Balanced Scorecard
Berichterstattung/ Ergebnisdokumentation	Zuständige Person für die Ergebnisdokumentation auswählen
Abschlussanalyse	Überprüfung (in Form von Workshops, Einzelbefragungen, schriftlichen Befragungen):
	– Wurden die gesteckten Ziele erreicht (inklusive Budget- und Ressourceneinhaltung)?
	– Welche Erfolgsfaktoren gab es?
	– Ergebnisse dokumentieren

5. Steuerung mehrerer Projekte/ Multiprojektmanagement

Konzeption einer Projektkoordinations-Organisation	Programmmanagement als eigene Stelle einrichten
	Gremium zur Entscheidungsfindung bilden (Entscheidungsträger aus verschiedenen Bereichen des Unternehmens)
	Rollen mit Aufgaben, Verantwortung und Machtbefugnissen festlegen

Tipps für effektive Teambesprechungen

Wie Sie Besprechungen zeitlich straffen

Ziel sorgfältig formulieren	Was soll bis wann auf welche Weise mit welchem Ergebnis erreicht werden?
Teilnehmer um Vorbereitung bitten („Hausaufgaben machen")	Bei schlecht oder gar nicht vorbereiteten Teilnehmern Vertagung oder Abbruch der Besprechung.
Besprechungen gegen Dienstschluss ansetzen	Ca. eine Stunde vorher, erhöht die Zielorientierung des Gesprächs, da die Mitarbeiter pünktlich nach Hause gehen möchten.
Pünktlich beginnen	Wirkt disziplinierend (peinlich für den, der zu spät kommt).
Um Problemlösungen bitten	Teilnehmer sollen sich schon vor der Besprechung Gedanken um die Lösung von Aufgaben und Problemen machen.
Feste Termine für Besprechungen bestimmen	Fixtermine (z. B. jeden Dienstag) sind für die Mitarbeiter besser einplanbar als ständig wechselnde.
Besprechungsdauer bestimmen	Ein fixer Endpunkt erhöht die Effizienz.
Besprechungsthemen sammeln und ordnen	Große wichtige Tagesordnungspunkte zuerst; kleine, schnell abzuhandelnde danach. Weniger wichtige Punkte in einem Durchgang dann abhandeln, wenn sich einmal „Lücken" während der Besprechung auftun.

Bereiten Sie sich auf Besprechungen richtig vor!

- Haben Sie den Anlass und das Ziel genau beschrieben?
- Sind wichtige Unterlagen vorbereitet (in Kopie für alle)?
- Haben Sie alle „Hausaufgaben" der Teilnehmer bereits eingesammelt und geordnet?
- Welche Teilnehmer sollen warum eingeladen werden?
- Haben Sie allen Teilnehmern die Besprechung angekündigt?
- Wissen die Teilnehmer, was von ihnen erwartet wird?
- Haben die Teilnehmer Informationen erhalten, die zur Erledigung von Tagesordnungspunkten Voraussetzung sind?
- Ist der Raum organisiert sowie notwendige Technik (Overhead-Projektor, Beamer etc.)?
- Sind Pausen und Bewirtung eingeplant?
- Wer führt Protokoll?

Professionell moderieren – die wichtigsten Aufgaben

1.	Begrüßung der Teilnehmer
2.	Bitte um Mitarbeit, Ideen
3.	Kurzer Überblick über die Besprechungsinhalte/Tagesordnungspunkte; Erwartungen an die Teilnehmer nennen
4.	Kurzer Check des Informationsstandes der Teilnehmer
5.	Diskussion eröffnen (Problem umreißen, dann Frage stellen)
6.	Regelmäßig zusammenfassen, Zwischenergebnisse festhalten
7.	Gesamtergebnisse zusammenfassen, Aufgaben formulieren, ihre Erledigung delegieren
8.	Mitarbeiter um Themenvorschläge für die nächste Besprechung bitten
9.	Wichtige Termine/Besonderes ankündigen
10.	Beenden der Sitzung und Dank an alle Teilnehmer

REGELN FÜR DEN MODERATOR

Der Besprechungsleiter sollte:

- die Besprechung zielorientiert leiten und die Aufmerksamkeit immer wieder auf die wichtigen Punkte lenken.
- die Reihenfolge der Wortmeldungen beachten,
- alle Teilnehmer zur Mitarbeit zu motivieren,
- Störer und Dauerredner auf freundliche Art bremsen,
- keine emotionale Diskussion aufkommen zu lassen, sondern Sachlichkeit fördern,
- Ergebnisse festhalten, daraus Aufgaben ableiten und delegieren, Termine setzen,
- die Erledigung der Aufgaben überprüfen,
- schwierige Sachverhalte erklären, Fragen beantworten,
- jedes Problem so besprechen, dass handfeste Schritte zur Problemlösung angegangen werden können (nichts offen lassen),
- niemanden kritisieren, bloßstellen, belächeln,
- selbst neutral bleiben.

Ergebnisse erfolgreich präsentieren

Vorbereitung einer Präsentation

Ziel der Präsentation formulieren	Dient als Leitlinie: Die in der Präsentation genannten Argumente und Informationen müssen diesem Ziel dienen.
Material sammeln, auswählen und ordnen	Welche Inhalte können Sie innerhalb der vorgegebenen Redezeit Ihrer Zielgruppe präsentieren, um Ihr Ziel zu erreichen?
Überzeugende Dramaturgie der Ergebnisse festlegen	– In welcher Reihenfolge sollen die Zuhörer den Stoff aufnehmen? – Welche Art der Argumentation soll es geben? Überlegen Sie sich eine schlüssige, logisch aufeinander aufbauende Gliederung. Machen Sie den Test: Nehmen Sie einen Baustein weg. Fällt Ihr Argumentationsgebäude zusammen, dann haben Sie es richtig gemacht!
Interessanten Titel finden	Erhöht die Aufmerksamkeit
Einleitung formulieren	– Startsignal – Begrüßung – Information über Ziele, Inhalte und Ablauf der Präsentation
Hauptteil entwickeln	Welche Argumente, Informationen bringen Sie an Ihr Präsentationsziel? Ausformulierung der einzelnen Argumentationsschritte
Ende formulieren	Kurzer, ordentlicher Abschluss

Visualisierung - Inhaltliche und formale Gestaltung

Texte	– als Überschriften, Kernaussagen, Beschriftung von Tabellen
	– kurze Sätze, Stichwort-Charakter
	– eine Information pro Satz
	– einfache, verständliche Ausdrücke
	– höchstens sieben Inhaltsaspekte pro Visualisierung
	– auf die Rechtschreibung achten
Überschriften	– klare Benennung des Gezeigten
	– kurz und prägnant/als Schlagwort
Farben	– maximal drei Farben pro Visuali-sierung (plus schwarz und weiß)
	– keine zu hellen Farben
	– schwarze Schrift
	– inhaltlich Gleichartiges in einer Farbe; Verschiedenartiges in mehreren Farben
Schrift	– ausreichend groß
	– eine Schriftart verwenden, bei Handschrift auf Leserlichkeit achten
	– Groß- und Kleinbuchstaben anstatt nur Großbuchstaben
Layout	– einheitlich (Firmenvorgaben!)
	– die wichtigsten Aussagen in die Mitte eines Schaubildes, Dias
	– bekannte Symbole und Zeichen verwenden
	– auf Übersichtlichkeit achten

Die wichtigsten Medien

Flipchart	– für Präsentation bis zu 30 Teilnehmer
	– geeignet für Kernaussagen, Zahlen, Organisationsstrukturen
	– leserliche Handschrift unbedingt nötig
	– Farben: rot, schwarz, blau und grün
Overheadprojektor	– für Präsentationen bis 150 Teilnehmer
	– Dramaturgie möglich, indem mehrere Folien übereinandergelegt und dann nach und nach aufgedeckt werden
	– spontane Beiträge aus dem Publikum können gleich aufgeschrieben werden
Diaprojektor	– für Präsentationen mit kleinem und großem Publikum
	– bei teureren Geräten Untermalung mit Musik oder Geräuschen möglich
	– Fotos, Zeichnungen, Diagramme darstellbar
	– nur wenige, aber aussagekräftige Dias
	– Wechsel von Dia-Vorführung zum Vortrag deutlich markieren (Licht an, nach vorn treten, laut sprechen)
TV	– geeignet, um Verhaltensweisen, Meinungen, Entwicklungen aufzuzeigen
	– an Kosten denken: professionelle Filmproduktion ist teuer!
Multimedia	– Texte, Bilder, Grafiken, Töne abspielbar
	– freie Navigation durch den Vortrag per Klick
	– Zeit sparend: Filme und Fotos können kurzfristig eingebaut werden

Erforderlich:
- Hardware (Notebook, Grafikkarte, Soundkarte, CD-ROM-Laufwerk)
- Eingabegeräte (Scanner, Videorekorder, Camcorder)
- Benötigte Software (Grafikprogramme wie Paintbrush, Coreldraw, PowerPoint)
- Autorensystem: Töne, Bilder, Texte werden nach Ihren Vorstellungen verbunden
- Multimedia-Präsentationen gut üben! (Hinter welchem Link befinden sich welche Informationen?)

Clevere Business Tools für anspruchsvolle Lösungen

Reden wie die Profis

Verfassen Sie schnell und sicher eine Rede, die zu überzeugen weiß. Mit dem neuen Business Tool „Reden wie die Profis" gelingt Ihnen das ganz einfach. Dieses Praxishandbuch bietet Ihnen:

- Textbausteine zu verschiedenen Anlässen im unternehmerischen Alltag
- Muster für Einleitungen, Hauptteile, Schlussgedanken und Zitate
- Checklisten zu Zeitplanung, Redekonzept und Spickzettel
- Allgemeine Rhetorik und Präsentationstechniken
- Profi-Anwendung zum Abspielen der Rede per Laptop
- Notfallprogramm: In 5 Minuten zur perfekten Rede

Reden wie die Profis
Die perfekte Rede im Beruf
inkl. CD-ROM
€ 78,–
Bestell-Nr. 00724-0001
ISBN 3-448-04785-6

Mit der CD-ROM können Sie eine Rede aus Bausteinen zusammenstellen und durch Einschübe personalisieren. So haben Sie schnell eine perfekte Rede, mit der Sie bei Ihren Zuhörern in bester Erinnerung bleiben.

Bestellen Sie in Ihrer Buchhandlung oder direkt beim Verlag: Haufe Mediengruppe, Fraunhoferstraße 5, 82152 Planegg, Tel.: 089/ 8 95 17-288, Fax: 089/ 8 95 17-250, Internet: www.haufe.de, E-Mail: bestellen@haufe.de